LA REFORMATION DE L'EGLISE

Par le PASTORAT,

Contenuë

En deus Letres Pastorales de

JEAN de LABADIE,

Ministre de Jesus Christ.

Ecrites à quelques siens Intimes
Amis & Pasteurs zélez.

PREMIERE LETRE.

A MIDDELBOURG,

Chés HENRY SMIDT, Libraire, demeurant sur le Wal. 1667.

AUX
Nobles, & Puissans Seigneurs;
Les Seigneurs Deputés
ordinaires des Etats de la Province de ZELANDE.

REYNIER vander BEKE, Député de la ville de Middelbourg.

CORNELIS STAEFVENISSE, Député de la ville de Ziericzee.

GERARD vander NISSE, Député de la ville de Tergoes.

WILHEM van VRYBERGEN, Député de la ville de Tholen.

GASPAR INGELS, Député de la ville de Vlissingen.

JOHAN de MAUREGNAULT, Député de la ville de Vere.

PIERRE de HUYBERT, Pensionaire de la Province de Zelande.

JUSTUS de HUYBERT, Secretaire de la Province de Zelande.

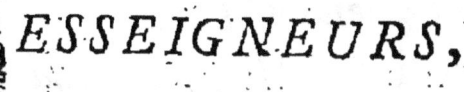MESSEIGNEURS,

Quoy que pour Iustifier la Liberté que je prens de vous dedier cet Oeuvre,

DEDICACE.

il Suffise de sçavoir, que je vous suis obligé; & que je dois cete marque de Recognoissance à vos Bien-faits; il samble neamoins juste, puis que cete Piece traite d'une Matiere assez Publique & Generale, que je ne me contante pas de produire seulemant des motifs propres & particuliers de mon Dessein, mais en decouvre ancore des Publics & Generaux.

Pour les Propres & Particuliers, il est visible, que d'une part l'Amitié qu'il vous a pleu me porter, & me temoigner d'abord, avec je ne sçai quelle bonne Inclination, que vous avez euë à m'obliger, dez que Plusieurs de vous m'avez ouy; & de l'autre, le bien Effectif, & certes considerable & grand pour moy, veu ma Petitesse, & le peu de Merite de vos Graces, en un Tams qui samble vous obliger à n'en estre pas Prodigues, & pour le moins à les epargner beaucoup; sont bien pour moy des suffisantes raisons

DEDICACE.

sons de vous dedier au plutot queque Fruit de mes Travaus, un peu considerable, & Important, sinon pour la forme que je luy donne, au moins pour la Matiere que je prans.

Vôtre Inclination à bien faire (Messeigneurs) sur tout à des Etrangers, lors qu'ils se Domestiquent avec vous, & qu'ils devienent vos bons Sujets; Represente celle de la Nation du Pays, sur tout en cete Province de Zelande, qui a sans Contredit la Pitié, aussi bien que la Pieté pour un de ses Characteres: Celecy vers Dieu, & cele-là vers les Homes, qui lient queque Comerce Tamporel, ou Spirituel avec elle. De fait l'humeur en est aussi douce, qu'elle est Paisible, & tout le Monde est d'acord, qu'il n'y a rien en ces isles de Grossier & de Rude que la Mer & l'air, ancore y sont ils fort suportables à ceus qui s'y aprivoisent; & qui come moy y rencontrans beaucoup de douceur d'Esprit,

DEDICACE.

ne se soucient pas beaucoup de la Rudesse de l'air.

Il vous apartient (Messeigneurs) come Seigneurs, & come Chefs, de Representer les Qualitez de ce Corps, c'est à dire comunemant de tout l'Etat, qui m'en a fait rencontrer, & meme éprouver en vous & par vous de telemant bones, que je ne puis que m'en loüer, aussi bien par ma Plume, que de bouche; come la Dedication, que je vous fais de cét Ecrit en est autant une Marque qu'un Tribut.

Ie comence par ce dernier mot à decouvrir les Publics, & les Generaux Motifs, que j'ay eus de vous la faire, en vous disant, que c'est un Tribut que je vous paye, selon que je vous le dois: & certes non pas luy seul, mais plusieurs autres, si vous agrées tant soit peu cete Monoye, qui peut vous plaire sans vous enrichir; & que je me fie bien, que vôtre Pieté vers Dieu, & vôtre zele

vers

DEDICACE.

vers l'Eglise & le bien Public, vous fairont toujours agréer. A qui Tri- but, Tribut; & à qui Honeur, Honeur; (dit l'Apôtre) or à qui sont ils mieux deus, qu'aus Puissances Ordonées, & Etablies de Dieu; & qu'aus Seigneurs, que le Seigneur (come dit la Sagesse) fait Seigneurier, ou Dominer? Rom. 13. v. 7.

Prov. 8. v. 16.

Un Second Motif Public & general de mon Action, est, que le Sujet, que je traitte en cet Ouvrage, est General & Public; or vous estez Generaux, & Magistrats Publics, dignemant nomez Seigneurs Etats, Deputez d'eus, & Representans leur Authorité Publique comunemant; tout ce qui est donc Public & General vous Concerne, & doit avoir son juste Raport à vous: Cet Ouvrage, & celuy qui l'a fait, s'y rengent, & se rendent, come vous voyez, entre vos mains.

Il y est traitté d'une Matiere si generale

* 4

DEDICACE.

rale, & si Publique qu'elle regarde, une Generale Reformation, & celle non seulemant d'un Peuple, mais de plusieurs, puis qu'elle embrasse cele de l'Eglise, ou des Eglises, qui quant aus mœurs en ce Tams, au dire de tout le Monde, en ont un General Besoin : & come il n'est point arrivé en ces Provinces de Reformation de Doctrine, que l'Authorité Publique n'y ait bien tenu la main, il y a bien de l'apparance, qu'il n'y en aura point dans les mœurs, qu'elle meme ne s'en mesle, & qu'elle ne l'authorise par ses Examples, & aussi par ses Edits.

Le Proverbe Comun, pour estre Comun, n'est pas moins bon, & meme pour estre vieil, n'en est que plus Authorisé; à sçavoir, que le Peuple & les Sujets, se conforment d'ordinaire à l'Example de leurs Souverains & de leurs Rois; Et que c'est vrayemant lors qu'ils joignent leurs Actions à leurs paro-

DEDICACE.

paroles qu'ils sont parfaitemant obëis. La Zelande est Une de ces Provinces, qui la Premiere a levé le bon, & Bel Etendart de la Premiere Reformation ; Elle pourroit bien estre aussi des Premieres à eslever celuy de la Seconde ; & il luy conviendroit bien de le faire, puis qu'elle en leve de bien hauts ailleurs ; & que toujours sur Mer les siens paroissent des plus hardis : Pourquoy donc n'en metroit elle sur Terre Ferme un si noble & un si beau ? sur tout puis qu'il est si propre à son Ordinaire Pieté, & à la Reputation qu'elle a, & qu'elle s'est aquise de tout Tams d'avoir du zele pour la vraye Religion, que l'Escriture dit Consister tres particulieremant dans la pratique d'une vie Sainte, & d'une Grande Pureté de Mœurs.

De ce Deuxiéme Motif si General & si Public naist ce Troisiéme, qui ne l'est pas moins ; à sçavoir ; que cet Ouvrage traitant une Matiere Eclesiastique, il

vous

DEDICACE.

vous apartient (Mes Seigneurs) non seulemant d'y avoir part en Qualité de tres-Considerables Membres, des Eglises, pour qui elles prient & sont obli- <small>Rom. 13.</small> gées suivant l'Escriture de Prier ; mais meme que vous y avez Droit come Ga- <small>Esa. 49. v. 23.</small> rants, & come Peres Norriciers selon la meme Escriture des Meres & des Anfans, Dieu vous ayant nomez tels par Esaye ; & les Moyses, Josués, Samuels, Davids, Iosias & autres Iuges & Rois Saints, vous ayans donné l'Exämple d'en faire les Actes ; come avec eus vous en avez l'obligation & les Droits. En effet vous estes en Possession de celuy de vous trouver aus Synodes, & d'y faire les Constantins. Vous y estes des Yeux publics, aussibien que des Testes, & des Mains, ne perdans en aucun lieu non plus vôtre Authorité, & vôtre puissance, que vôtre vigilance & vos bons soins. Les Eglises sont heureuses d'estre esclerées

de

DEDICACE.

de vos yeux, aussi bien qu'appuyées de vos mains, & come elles seroient Foibles sans vos Forces, elles courroient peut estre danger de s'endormir sans vôtre vigilance, qui pour le moins aide la siene, et peut servir à l'eveiller.

Puis que donc il est ainsi, et que tout ce qui se fait dans les Assamblées Eclesiastiques des Corps et des Tétes, c'est à dire, des Membres Fideles dans les Tamples, et des Pasteurs et Anciens dans les Synodes, passe sous vos yeux ; n'est il pas juste, que ce qui peut concerner ces memes Corps, et ces Tétes, come sont les Choses contenuës en cet Ouvrage, y passe aussi ? Vous voyez, que pour cet effet je le mets entre vos mains, afin que vôtre œil les voye mieux ; et qu'il n'y ait rien, qu'ils n'y decouvrent les Premiers, et qui echape leur veuë, et leur Jugémant.

C'est aussi dans l'Asseurance, que rien ne les peut choquer, que j'antreprans de
le

DÉDICACE.

le faire, au moins n'en ai je pas le Dessein : Et de ce que meme, je m'adresse à des Iuges, aussi bien qu'à des Garants de mon Ouvrage, je fais bien voir, que je suis pret à en subir le Iugemant, et en Executer la Sentence, si je merite condamnation ; et s'il y a rien en ma Plume, qui pour mieus escrire, doive estre autremant taillé ou retranché : Ce n'est pas aussi, que je n'espere, de n'estre pas traité à la Rigueur par de bons Iuges, et meme de n'estre pas Protegé par de bons Garants, en disant et faisant bien ; mais c'est, qu'il est juste, que je temoigne antieremant, combien je leur suis Soumis.

Il est ancore un Point Particulier en ce General, qui me sert de Quatrieme Motif Public à vous dedier cet Oeuvre. C'est, que traitant en ces Letres, de Certains Maus Eclesiastiques en l'Une, & en suite de leurs Remedes en l'Autre ; il se trouve, que vous avez part en ceux-

Dedicace.

cy, pour guerir ceux-là, ou pour le moins ordoner come Souverains Medecins, qu'ils soient gueris, & pour le moins Contribuër de vos Conseils & de vos ordres à leur Guerison.

Par Example, lors que je parle des Seminaires de jeunesse, qui puisse y estre Elevée come il faut, qui ne sçait que vous aves tout Droit à leur Fondation, et tout pouvoir en vos mains pour leur entretien, et leur Soutien? Mais sur tout en Matiere de Vocation meme Pastorale, vôtre zele ne vous peut il pas porter à Indiquer des Gens qui en ont? et qui d'ailleurs estans pleins de vertu et de Merite, aussi bien que doüés de beaux Talans, et de sçavoir, sont dignes d'estre tirez de la Poussiere, ou de dessous le Boisseau, pour estre mis sur le Chandelier; et pour estans produits au jour, en faire eus memes à l'Etat, et à l'Eglise un fort beau?

An-

DEDICACE.

Anfans vous estés Gardiens des deus Tables de la Loy, & Dieu a voulu que les Juges & les Princes d'Israël en eussent un Examplaire, aussi bien que les Sacrificateurs par devers eux; Tout ce qui Concerne leur observation a son Raport aus Puissances qui la soutienent, & qui sont etablies, & ordonées de Dieu pour la Maintenir. Tout ce que je dis en cet Ouvrage y sert, & y tend uniquemant, & parconsequant vous Concerne oame en étans les Soutiens.

J'ajoute pour dernier Motif, que les Autheurs des Ouvrages en peuvent avoir Besoin aussi bien que leurs Ecrits, sur tout quand ils sont déja Persones publiques, & qu'ils parlent de Chose publique aussi. J'ay déja dit, que la Reformation des Eglises en étoit Une, qui n'étoit pas Publique seulemant pour concerner beaucoup de Peuple; mais ancore pour avoir Besoin de l'Authorité des Souverains. Tout le Monde n'est pas pour en avoir le Desir, ou pour en Gouter meme le Dessein. Une publique Aprobation

DEDICACE.

tion come la Vôtre y peut beaucoup, & luy peut meme doner un droit public. On n'a pas celuy de le Contester étant muni de vôtre Seau. Il peut passer pour une Loy, dés qu'il passe pour une Volonté du Souverain: Et si vous memes en faites vôtre propre Cause, les Gens de Bien l'ont gagnée, & moy avec eus, dez que vous serés pour elle.

C'est pour cela, que si j'ay bien voulu d'une part, avec autant d'Amour que d'honeur, & avec autant de Sentimant de juste Reconoissance, que d'humble Respect (Mes Seigneurs) vous Dedier cet Ouvrage; J'ay deu le faire par Justice, & pour sauver les Interets d'une bonne Cause, qui pour étre gagnée a Besoin d'avoir des Juges aussi bons, & aussi puissans que Vous.

Pour Bonne qu'elle soit, elle pourroit bien se perdre entre les mains des Mauvais: & l'on a bien Sujet de croire, que cele cy ne manquera pas d'en trouver, sinon en la Magistrature, & en l'Etat plus élevé des Bons Esprits; au moins

DEDICACE.

moins en celuy des Mechantes Ames, et d'un vulgaire Corrompu, je veus dire, des Esprits Sujets au Vice, et meme sujets du vice, c'est à dire Serfs du Peché. Qui l'aime n'en veut point la Reformation; et qui n'en veut pas guerir, n'a garde d'en aprouver la Cure et les Remedes. Mais vôtre Aprobation, et cele des Gens de Bien leur suffit, et vôtre Protection me suffit aussi, pour metre avec moy tous mes bons Dèsirs à couvert sous votre Nom.

Vous Portés souvant celuy de Pasteurs en l'Ecriture, ou les Souverains sont dits Paistre & Conduire les Peuples come des Troupeaus. Vôtre Esprit Benin & Humble meme au milieu de la Puissance & de l'Elevation; Vôtre vigilance Exacte, & vos Amoureus soins de cet Etat, font bien voir, que vous en estes aussi bien Pasteurs & Péres, que Directeurs, &
Ma-

DEDICACE.

Magistrats, Ce qui m'oblige à soutenir, que je ne sors point de mon Devoir, & de celuy de la Iustice, en vous Dediant cet Oeuvre, qui s'adresse à des Pasteurs d'une façon, puis que vous en estes d'une autre; & que soit dans le Corps de ces Letres, soit en leur Dedication, je m'adresse toujours à des Pasteurs.

Ayant de Dieu la Grace, & l'Avantage d'en estre Un d'un ordre qui doit honorer le vôtre, & le Cherir à tel Point, qu'il Prie toujours pour luy, & s'en souviene Saintemant dans les Lieus Saints; Ie suis bien aise de vous temoigner icy, que je le fais de Bon Cœur; & que ne pouvant d'un coté Reconoitre vos Bienfaits, & de l'autre m'Aquiter de mes Obligations Generales & Particulieres; que par mes Bons Desirs, mes Souvenirs, & mes Paroles, j'atans avec Ardeur les Iustes Ocasions de

** vous

DEDICACE.

vous temoigner par effet, combien je suis.

Nobles, & Puissants Seigneurs,

MESSEIGNEURS

De mon Etude de Middelbourg ce 1 May. 1667.

Votre tres-humble, tres-obeissant & tres-obligé Serviteur

JEAN de LABADIE, Pasteur.

AVIS

AVIS
Necessaire sur le Sujet de cet
OUVRAGE.

Devant qu'ouvrir & lire ces Letres, il est juste de sçavoir l'ocasion, qui les a faites écrire, & le Sujet qu'a eu de les faire celuy qui les a dictées. Queques Pasteurs des Meilleurs d'entre les Bons, ayans lié une Sainte Amitié, & Union Spirituele & Pastorale avec luy, l'obligerent non seulemant à l'entretenir de ses Letres, mais à l'ayder de ses Avis, & à leur faire part de ceus, qu'il jugeroit propres à augmenter leur ferveur. Une Persone de vertu, qui en son Etat en vaut bien Un, estant aussi sçavante & pieuse que Plusieurs ; & Sollicitant par sa Presence & par son ze- *Mad.^e Anne Marie de Schurman.*

le

AVIS.

le l'Execution de ce Deſſein, en obtint l'effet ſur ſon depart, qui fuſt ſi Precipité, *la Marée* (come l'on dit Comunemant) *n'atandant pas meme les Rois*, que l'Autheur n'eut le loiſir ny de Mediter, ny de revoir ce qu'il écrivit à ſes Amis à la Hate & ſur le Champ : beaucoup moins eut il celuy d'en faire faire une Copie, qui luy put faire ruminer un peu ce qu'il n'avoit aucunemant digeré.

C'eſt pour cela que cete Premiere Lettre, qui ſe trouvera la derniere en cet ouvrage pour Raiſon, n'eſt pas examte de pluſieurs defauts, ſoit en ſes Expreſſions, ſoit en l'ordre, & au peu d'Arrangemant, ou d'ornemant qui s'y peut trouver. Il eſt vray, que ſon Autheur, n'affecte en rien la Politeſſe, & beaucoup moins

la

AVIS.

la Pureté recherchée des mots, & des Phrases de sa langue selon le Tams, que cele des Choses & des Sujets, qui ont raport à l'Eternité. Ils y en ont, quand ils sont Eclesiastiques & Divins, & quand ils concernent la Gloire de Dieu, le Salut des Homes, & le bien des Eglises, qui servent à glorifier l'un, & sauver les autres.

C'est à quoy en effet les Amis de l'Autheur de la Letre ayans Egard, après l'avoir receuë & luë en particulier, non obstant tous ses defauts, la trouverent, si non assés Bele, à tout le moins assés bone, pour la doner au Public; & parce que leur zele les porta, d'y doner part à Plusieurs, & à d'autres Gens qu'à des François, ou qu'à ceux qui parlent leur langue, & qui ne sont pas Grand Monde; Ils furent d'avis de la Traduire en

la

AVIS.

la leur pour la rendre Comune à tout leur Pays.

Dez qu'elle parut Flamande, on la voulut voir Françoise, & plusieurs en ecrivirent à l'Auteur pour en avoir une Copie, que luy meme n'avoit pas, non plus que l'original: Ce qui luy donna dés lors le Desir de satisfaire à leur zele, & de le faire meme plus amplemant & plus à loisir. Deux choses l'y determinerent, l'une fut la Priere reiterée d'autres Gens de Bien, & meme Pasteurs qui le somerent de leur doner Contentemant, & de le faire avec usure à leur Profit, & come par Recompense de leur Atante: l'Autre fut l'Aprobation, & la Satisfaction Comune avec laquelle cete Petite Letre fut receuë, & qui temoigna sufisamant de son succés & de son Utilité.

Le

AVIS.

Le Fruit en fut dés lors Esperé Grand si elle devenoit plus grande; et si ce que son Autheur n'avoit traité que brievement & à la hate, estoit retraité de luy à loisir & un peu au long : Ce qui a fait, qu'en ayant receu de nouveaus Avis pandant le Tams de sa Maladie, il a eu celuy méme à son Ocasion de mieux panser à cele du Christianisme & des Eglises; Come en guerissant par les Remedes, il n'a pas manqué de penser à ceux qui pouvoient procurer leur guerison.

De là vient, qu'il a employé quelques heures de sa Convalescence, à travailler pour la leur, & à dicter, pour parler ainsi, ces ordonances, dont l'Espreuve & la Pratique peuvent prouver la Bonté. Il est vray, que come pour bons que soient les Remedes, il faut

AVIS.

faut qu'ils soient benits de Dieu, afin qu'ils operent, & produisent la santé: Aussi est il necessaire, que la Grace de Dieu & sa Benediction donne vertu, aussi bien aus Spirituels, qu'aus Tamporels, pour la guerison particuliere des Ames; & combien plus pour la generale des Eglises? C'est de quoy nous le prions, & pourquoy nous Conjurons tout Cher Lecteur de Prier, pour peu que le bien Public luy soit Cher, & qu'avec nous il le desire. C'est dans le pur dessein de le trouver que nous le Cherchons en cet Ouvrage, où nous ne decouvrons nos Maus, que pour tacher d'en guerir.

LA

Fol. 1

LA REFORMATION

De l'Eglise par le Pastorat.

Contenuë

En deus Letres Pastorales de

JEAN de LABADIE,

Ministre de Jesus Christ.

Ecrites à quelques siens Intimés Amis & Pasteurs zelés.

PREMIERE LETRE.

Tres Chers, & Honorés Freres en Dieu nôtre comun Pere, & en nôtre comun Frere Ainé JESUS, en qui nous somes unis come Anfans de Dieu, & come Freres, par l'union du S. Esprit.

I ie continuë à vous écrire en Comun d'un Sujet Comun, ce n'est plus vôtre seul comun consantemant, qui en est cause; c'est celuy de beaucoup de gens de bien, qui ioints à vous non seulemant aprouvent, que ie l'aye fait, mais desirent ancore que ie le fasse; & que pour vous doner, & pour leur doner une plus ample satisfaction, ie vous ecrive plus amplement, & ioigne une Seconde Letre à la Premiere, qui ne traite pas come elle en peu de mots,

A &à

& à la háte des Points, qui demandent d'être dits bien à loisir, & au long.

La bone part, que vous avés faite à plusieurs, de vôtre bien, & de vôtre contantement particulier, le randant Public, fait que le Public vous en souhaite, & en meme tams à soi aussi une meilleure ; & pour le moins une plus ample, desirant, que ie vous écrive sur ce meme sujet plus amplemant. Come j'épouse sa consolation, & la vôtre, j'aquiesce à vos ordres, & à ses desirs ; & sans vous doner meme la peine, ou de me faire parler vôtre langue, que ie suis bien marri d'ignorer, ou de me produire deguisé ; voici que ie dis moi meme en la miene mes santimans, & qui plus est me nome au Public, & m'y produis, afin d'y étre conu par les deus choses, auqueles on conoit le plus les personnes, qui sont le Nom, & la Parole, que ie ne suprime point.

Puis qu'on a deviné, que c'etoit moi, qui avois écrit en Franssois *une Certaine Letre Pastorale*, qui a paru en Flamand ; & puis que lors que j'étois couvert d'un autre habit, mon stile m'a decouvert, & ma voix m'a trahi aucunemant come Jacob ; ie ne suis

suis plus en état de me cacher, & aussi ie n'en ai pas le dessein; mais bien en manifestant mon Nom, manifester mon Cœur, & mes pansées, aussi bien que mes Paroles, sur des Points pour le dire ainsi, trop Grossiers, pour ne pas paroitre; & trop visibles, pour que ie ne le sois pas à tout le monde avec eus.

Je les reprans l'un aprés l'autre en cete Letre, selon que l'autre les contenoit, pour les mieus dire, & plus à loisir, suivant que j'en suis requis par des Pasteurs, & des Brebis, qui soupirent depuis long tams aprés *la Reformation generale des Eglises, & des Troupeaus.*

PREMIER CHEF.
Le Besoin d'une Reformation Generale.

JE comance par le Premier, qui n'est autre, que *le Besoin de cete Reformation en tout le Monde Chrétien.* Pour le mieus comprandre il faut voir *sa Difformation, ou son Dechet* en Grace, en Esprit, en zele, en Mœurs, en conduite, en discipline, & en tou-

4 Reformation de l'Eglise

te sorte de vertus, dont les vices ont pris la place, & ont aboli les traits.

Certes Nous samblons bien être aus tams, que Jesus Christ compare à ceus des Patriarches Noë, & Lot, dont il est écrit; que *la Malice étoit tres-grande, & que toute chair avoit corrompu sa voye. Que l'Imagination, la pansée, & le Cœur des Homes n'étoit que mal en tout tams*; & que sans avoir égard aucun aus choses de Dieu, & du Ciel, on ne pansoit, on ne vaquoit qu'à celes du Monde, & de la terre; *à vandre, & Acheter; à planter des vignes, en boire le vin, & à s'en anyvrer aussi bien que des plaisirs d'un convoiteus mariage*, samblable à celuy qui atira un deluge d'eaus pour noyer un deluge de pechés.

Matt. 24.
Gen. 6.

Nous samblons ancore bien etre aus tams pareils à ceus, dont parle David en ses Pseaumes, & qui portent, *que Dieu a regardé du haut des cieus, pour voir s'il y avoit queequn, qui fit bien, & qui fut juste en la terre; mais qu'il n'y en a veu, ny trouvé aucun; Tous s'y étans corrompus, & randus abominables; les saints y étans défaillis, les Bienaimés, les droits, & les veritables*

Ps. 1. 14.
& 53.

Ps. 12.

ayans

par le Pastorat.

ayans pris fin antre les Anfans des Homes. Chacun parlant avec fraude à son prochain, & avec des levres Trompeuses, & Flatereſſes, organes d'un cœur double, fourbe, & rampli d'iniquité.

Il est vrai, nous samblons bien être aus tams, pareils à ceus que décrit le Profete Jeremie, quand au Chapitre neuvieme de ses Revelations il dit ces mots, *A la miene volonté, que ma teté se fondit en eau; que mes yeus fussent une Fonteine de larmes, & que j'eusse au desert une cabane, où je me retirasse de mon peuple; car ils sont tous des Adulteres & une Assamblée, ou Compaignie d'infideles, & de deloyaus. Ils font tirer mansonge à leur Arc, & se fortifient contre la Foy, & la verité, & vont toujours en avant de mal en pis, & de malice en malice, ne me reconoissans point, dit l'Eternel: Gardés vous chacun de votre intime Ami. Gardés vous chacun de vôtre Frere; car tout Frere fait metier de suplanter, & tout intime Ami va detractant. Chacun fait un jeu de tromper son Prochain, & nul ne parle en verité. Ils ont apris leur langue à dire mansonge, & à parler faussemant. Ils se peinent à mal faire, & y travaillent tant*

Jerem. 9. v. 1, 20.

A 3 &plus

6 Reformation de l'Eglise

& plus. Ta demeure est au milieu de la Tromperie, & de la fraude. Ils ont refusé de me reconoitre. Ils ont refusé de se convertir. Ils sont alés à Rebours d'un Rebroussemant continuel. Il n'y a persone, qui se repante de son mal. Tous s'adonent à gain deshonète depuis le plus grand jusqu'au plus petit, tant le Profete, que le Sacrificateur, tous se portent faussemant.

c.8. v.5.
6, 7.

Ajoutons, que nous samblons bien être ancore en des tams pareils, à ceus dont Dieu dit au Prophete Ezechiel, je t'anvoye à des Rebeles, & à des cœurs obstinés. Tu es au milieu des scorpions habitant au milieu d'eus. Tout Israël est Reveche, il a plus violé mes Lois, que les Nations, & que les peuples Etrangers. Perce la muraille, & vois ses Abominations, Jerusalem a justifié Samarie surpassant ses iniquités. Ses Princes répandent le sang. On y meprise Pere, & Mere. On y opresse la veufve, l'Etranger, & l'Orfelin. On s'y polluë. On s'y souille. On y prand des presans pour répandre le sang juste. On y vaque à gain deshonète, & à usure. On y a oublié Dieu, & on y oprime le Prochain.

Ezech. 3.

c.5. v.6.

c.16.v.

c.22.
v.6.

Nous samblons ancore bien être en
des

des tams pareils à ceus dont le Profete Osée dit, ou plutôt Dieu par sa bouche, au Chapitre 7. de son livre. Come je medicamantois Israël, l'iniquité d'Efraïm s'est decouverte, & les mechancetés de Samarie. Car ils ont comis fausseté. Le Larron entre au dedans, & la bande des brigans détrousse au dehors. Ils n'ont point pansé en leur cœur, que je garde la souvenance de toutes leurs Mechancetés. Ils rejouïssent par éles leurs Princes. Eus tous cometent Adultere. Ils sont chauds, & ambrasez au mal come un Four. Il n'est aucun d'eus, qui crie à moi. Au contraire ils font mechamant, & proferent contre moy mansonge. Ils se dechirent pour le fromant, & pour le vin ; & ne hurlent point vers moy en leurs couches pour se repantir de leurs pechez.

Osée 7.

Nous somes en des tams samblables à ceus, qu'Amos décrit ancore en ces termes. Ils ont rejeté la Loi de l'Eternel. Ils ont vandu le juste pour de l'Argent, & le povre pour une paire de souliers, ahanans apres la poussiere, & pervertissans les voyes des debonaires. Ils changent le droit en Aluyne, & metent par terre la justice. Ils hayssent ceus

Amos c. 2.

c. 3.

c. 6.

qui les arguent, & ont en abomination
ceus qui leur parlent en verité. Ils boivent le vin dans les bassins, & mangent les Aigneaus gras etandus sur des Lits d'yvoire. Ils dansent au son des violons & se parfument d'onguants precieus. Il n'y a ni verité, ni benignité, ni connoissance, & Crainte de Dieu en la terre. Il n'y a Rien que malediction, & maugreemant. Que mansonge, & que meurtre. Que larrecin, & qu' Adultere. Ils se sont debordez du tout, & un meurtre touche l'autre.

v.6.

Osee 4. v.5.

    Nos memes tams ne sont ils pas ancore samblables à ceus dont Michée dit, Ils hayssent le bien, & aiment le mal. Ils mangent le peuple, sa chair, & ses os. Ils l'ont mis par pieces come en un pot, & come dans une chaudiere. On batit Sion de sang, & Jerusalem d'iniquité. Ses Chefs jugent pour des presans, & ses sacrificateurs n'anseignent que pour le gain. Chacun n'a-t'il pas une maison de mechant, & des tresors de malice, & un Efa court & detestable? Les Riches sont ramplis de choses ravies par violance. Leur langue est trompeuse & mansongere en leurs bouches. Le debonaire est peri de dessus la terre, & il n'y a pas un droit-

c.2. v.2, 3

v.10,11.

Ch.6. v.10,11, 12.

c.7. v.2, 3

droiturier antre les Homes : ils sont tous aguetans apres le sang. Chacun chasse apres son Frere avec le Filé, pour faire mal à deus mains à bon Esciant. Le juge est apres la Recompanse & le presant ; & les Grands ne parlent qu'Outrage, qu'ils antortillent. Le plus Home de bien d'entr'eux est come une Ronce, & le plus droiturier est pire qu'une Haye pleine d'Epines. Ne croyes point à votre intime Ami, & ne vous fiez point à vos Conducteurs. Le Fils vilene le Pere, la Fille s'eleve contre sa Mere. La Belle-Fille contre sa Belle-Mere ; & les Enemis d'un chacun sont ses domestiques. Mais moi je serai au Guet atandant Dieu. *v. 5, 6.*

Enfin ne sommes nous pas bien non seulemant en de pareils, ou samblables, mais ancore veritables tams, dont Jesus dit en l'Evangile, *cuides vous que le Fils de l'Home venant trouve de la Foy en la terre ? & pource que l'iniquité abondera, la charité sera refroidie ?* Et propremant aus tams aussi, que l'Apotre apeloit *mauvais & facheus*, principalemant à cause des crimes & de l'infini nombre de pechés, & de pecheurs, qui devoient regner en eus. *Luc, 18. 8*

10 Reformation de l'Eglise

2 Tim. c. 3.
Sache ceci (écrit il à son disciple Timotée) qu'és derniers jours il surviendra des tams facheus: car les Homes seront Amateurs d'eus memes, Avaricieus, vanteurs, orgueilleus, difamateurs, desobeÿssans à Peres, & à Meres, ingrats, profanes, sans afection naturele, & sans Loyauté. Calomniateurs, incontinans, cruels, hayssans les bons, traitres, temeraires, Enfles, Amateurs des voluptez plutot que de Dieu. Ayans l'aparance de la pieté, & en ayans renié la force. Ailleurs il dit, qu'ils *A-*

1 Tim. c. 4.
postazieront, & se revolteront de la Foy de Dieu s'adonans à la doctrine, & au service des Diables, ayans le cœur cauterisé, & la consciance tout à fait mauvaise.

J'ay bien voulu (mes Freres) aleguer icy tous ces beaux Textes, & me parer de l'Autorité, & des Paroles de Dieu meme, pour mieus convaincre les Homes des Grans & nombreus pechés, qu'ils cometent contre luy. Leurs Expressions sont plus fortes que les Nôtres, & leur Temoignage plus recevable, aussi bien que plus important contre des Gens, qui ne soufrent pas volontiers qu'on les acuse, & qu'on de-

decouvre leurs maus. Ils les disent tous en peu de mots, & nous fourniroient le sujet d'en dire beaucoup, si nous voulions les interpreter.

Je me contanteray de les apliquer brievemant, au lieu de les expliquer au long, & ne ferai que marquer, qu'il les ont très-bien touchés, & n'ont rien dit des Premiers, ou derniers Juifs, qui ne se puisse bien antandre des derniers Chrétiens, ayans fait le Tableau des uns en peignant les autres; & pour le moins autant fait les Profetés de nos Tams, que les Historiens des leurs.

En efet qui peut lire en Général *la grande Corruption du Monde* au Tams des Patriarches Noé & Lot; & la Malice répanduë en tous les cœurs du Corps universel du Genre humain, sans incontinant faire une veritable Reflexion *sur la Corruption Generale de nos jours?* sur le Regne universel du malin, & de la malice en l'univers; & sur tout Esprit, aussi-bien que toute chair detornée de sa droite voye, & de ses justes devoirs?

On n'en void gueres randre à Dieu de tels, qu'ils luy sont dûs par sa dignité, & par sa Loy. Ceus que peu de
Gens

Gens luy randent, sont fort Literaus, & Juifs ; c'est à dire faits sans grand Esprit de Grace, d'Amour & de verité, come il les veut. Par contre mile injures luy sont faites. Mile blasfemes vomis contre luy. Mile impietés comises, ses misteres infinimant avilis, sa parole méprisée, & ses Lois violées sans scrupule, aussi bien que sans horreur.

Iean 4.

Pour les devoirs vers soy meme, ou vers le prochain, où est aujourd'huy le lieu, où ils se gardent purs, & justes ? Où est *la chair*, qui ne corrompe, & n'ait pas corrompu deja sa voye? Où est l'Esprit, qui ne se soit sali, & ne se salisse en la souillant ? Les Geans ont ils plus exercé *de violances, ou de concussions* en leur tams, que plusieurs Grands, & meme plusieurs Petits dans le nôtre? ont ils plus profané le mariage, que plusieurs de nous les Nôces, & le Celibat? & les Anfans de Dieu se sont ils plus meslés avec les Filles des Homes, que les Anfans de Dieu, & de Jesus Christ, qui sont les Chrétiens, se sont meslés, & se meslent avec les Anfans du Monde, & du Diable meme? avec les vices, & les erreurs, & avec toute sorte de mauvais comerce de la terre;

Terre, qui leur fait perdre à jamais celuy du Ciel?

On ne sauroit non plus lire, les Pseaumes, que nous venons d'aleguer, qu'on ne confesse avec David, *qu'il n'est preque plus de juste en la terre*, tant les injustes font nombre, & les injustices Corps. Que la plus part *sont corrompus, & randus par leur propre faute abominables.* Qu'ils *ont des cœurs doubles*, & Dissimulés, *des levres fausses, & des discours fraudulens.* O combien est grand le nombre des hipocrites, & des Fourbes, aussi-bien dans les choses divines, que dans les Humaines! & dans les actes de la pieté, & de la Foy, qu'on a coutume de nomer Religieus; qu'en ceus du comerce humain, & de sa fidelité, que l'on apele Civils!

Qui peut *voir pleurer Jeremie, & l'ouyr crier*, que *tous sont des adulteres, & des deloyaus: des fourbes, & des trompeurs, meme antre les parans, & les Amis:* Qu'ils *font tous un metier general de mantir, & de suplanter; de dire, & de faire mal; & de s'adoner à l'usure, à l'Avarice, & à toute malice, & fausseté, ne travaillans qu'à cela;* Qu'in-
con-

continant il ne luy viene en la pansée, qu'il decrit la notre, & cele qu'il nous faut avoir de nôtre Siecle; où nous voyons en tous lieux si bien garder cete maxime de Cour, *qu'il faut dissimuler pour Regner*; & toute sorte de monde, sans etre Courtisan, le faire tres-bien, n'étant pas jusques aus vilageois & aus anfans, qui n'en sachent le metier; & qui non seulemant deguisent, & mantent bravemant, mais trompent avec artifice, & surprenent souvant les plus adroits?

Pour ce qui est *des Adulteres*, qui sont vraimant *des infideles, & des deloyaus*, puis qu'ils violent la Foy promise, & la chasteté aussi-bien que la charité conjugale, & introduisent en leurs couches maritales, & en leurs maisons, des persones etrangeres, qu'ils domestiquent; ne void on pas, qu'ils ne sont que trop comuns, quoy qu'ils ne soient pas conus? ou qu'ils restent aussi obscurs, que les tenebres, qui en font cometre les pechés? Et quant à ceus des autres sortes de Convoitise charnele, qui peut preque se tirer de la Bouë qu'éles font? Combien est éle épaisse, & semée de toutes parts?

parts? On la rancontre en tous lieus. Tous sexes y sont ambourbés. Toutes conditions anfevelies; & il n'est pas jusques aus Anfans, & aus Vieillars, qui ne s'y plongent de bone heure, & n'en fortent que fort tard.

C'est ce que les Textes des deus autres Saints Profetes, à favoir *Ezechiel & Ofee*, nous remetent ancore devant les yeus, quand ils parlent *d'Abomination, & d'Abomination* d'autant plus horrible, que des Gens, & des lieus tenus pour *Saints, en font foüillés: & brulent* méme de ce feu étranger & convoiteus, *alumés come des fours*; où par contre le feul feu facré les devoit bruler: car que font ils, que nous faire voir aujourd'huy *le monde en feu*, non tant de la diffanfion, & de la Guerre; alumées par l'ardeur du courrous de Dieu, qui les anflame; que du feu *des Convoitifes, foit des yeus, foit de la chair, dont le monde eft tout rampli*; & qui brule par éfet tout Age & tout fexe; toute Ame, & tout corps foit naturel, foit civil, à la referve de tres peu de chaftes, que l'Efprit de grace a heureufemant glacés, & quequees rares Eunuques, que le ciel auffi a faits; & qui fans con-

contrainte, & sans lien autre que celuy de la Grace & de l'Esprit, *se font, ou se sont faits tels pour le Royaume du ciel*, dont la pureté les oblige à bien conserver la leur.

Ces deus memes Profetes, nous depeignent ancore mieus, & pour le moins en plus de traits de pinceau; *la Convoitise des yeus de notre monde, & l'outrecuidance, ou l'orgueil de son air, & de sa vie*; quand ils nous parlent *des pechez de Jerusalem justifians Samarie,* Figure *de l'Eglise,* ou de *l'Assamblee* de ceus, qui se noment des *Chretiens*; pechans plus, & plus coupablement que les Payens; *les Grands & les Puissans ahanans apres le sang, & les presans; & oprimans les etrangers, & les povres; les vefves, & les orfelins*; Ce qui marque les violans de ce siecle, & leurs extremes violances; les Tyrans, & leurs Tyrannies, publiques, ou particulieres; sur les corps, ou sur les Ames; & les outrages faits aus innossans, & aus povres domestiques, ou etrangers; Orfelins, ou sujets, ou vefves; par les chicaneurs, par les tuteurs; par les Maitres, ou les Seigneurs absolus; & par toute sorte de monde, qui a le pouvoir

voir de ravir à Autruy le bien, l'honeur, & la vie; l'Avarice, & la Colere n'épargnant rien pour s'enrichir, ou se vanger; non plus que l'Ambition pour s'élever.

Les grands Mots, d'*Abaner aprez le Sang; de le répandre pour du Gain, ou des Presans; D'étre Larron au dedans, Voleur au dehors; De se rejouyr à faire mal; d'oprimer les Homes, & d'oublier Dieu*, font bien antandre ce qui se passe en nôtre Siecle, auquel par éfet tout est preque Corrompu, & Corruptible, Justice Eclesiastique, & Civile; Foy, & Loy Divine & Humaine par les Homes; le Gain, & les Presans venans à bout d'eus, & de tout ce qui peut étre en leur Pouvoir. Siecle, Auquel on void *l'Interet étre le Dieu de ce Tams*, étre come le Principe, & la Fin de tous Desseins, de tous Desirs, & de toutes Antreprises. Le monde se tuër de Corps, & d'Esprit pour luy. Le Frere tromper le Frere, le Parant, & l'Ami, son Ami, & son Parant; le Tuteur son Orfelin, l'Un le povre Public, l'Autre le riche Particulier; Préque Tous ou dérober, ou voler; prandre ouvertemant, ou finemant; & co-

B   me

me dans une Ville de Pillage, tout fourrager dans les Familles, & les Maisons, dés que l'Ocasion d'un Droit pretandu, d'un Proces, d'un Compte, ou d'une autre Afaire ou Criminele, ou Civile, en ouvre non seulemant la grande Porte, mais le moindre petit guichet.

Ce que nous avons ouï dire au Prophete Osée, ne nous instruit pas moins des Corruptions de nôtre Tams, principalement alors qu'il dit, *Qu'on vand le Juste. Qu'on foule la Justice aus piez. Qu'on boit le Vin à force. Qu'on mange desordonnémant. Qu'on maudit, qu'on mant, qu'on meurtrit, qu'on tuë; & que l'Impieté, & l'Impureté inondent* de tous Costez; Car que void-on qu'un Deluge universel de Luxure, de Gloutonie, & de Vanité? Que void-on qu'Inondation partout d'Intamperance, & de Dissolution en Festins, en Yvroigneries, & en Debauches? où le Sang par fois se mêle au vin, le Verre s'avale avec luy; & les Familles antieres sont devorées, en étant reduites à une extreme Povreté; Et où anfin toutes sortes *d'Impietez, d'Impuretez, & de Vilenies* se disent, & se cometent.

Le

Le Profete Michée, en ce beau Texte, où il Nous a dit, Que *Sion se batissoit de Sang fondée sur l'Iniquité. Que son Peuple étoit mis en pièces come de la Chair en un Pot. Qu'on y faisoit le mal des deus mains. Que les plus Gens de bien n'étoient qu' Epines, & que Ronces. Que chacun y chassoit aprez ses Freres come aprez des Bétes, ou des Oiseaus ; Que Pere, Mere, Fils, & Filles se vilenoient l'Un l'Autre ; & que le Saint avoit peri, & le Mechant triomfoit ; ayant sa Maison aussi pleine de malice, que son Corps, & que son Cœur* ; Ne nous a-t'il pas aussi represanté come il faut, ce que Nous somes pour la plus part en ce Tams; où il y a tant de Malice, & de Malins ? tant d'Injustice & d'Avarice ? tant de Violance, & de Tromperie ? tant de Rudesse, & de Cruauté vers le Prochain ? & sur tout tant d'Impureté en toute sorte de Persones, aussi-bien que d'Impieté vers Dieu ?

C'est le Dernier Mal, que ces saints Profetes ont marqué, mais qu'aussi ils ont tous marqué parlans d'Oubli de Dieu, de Delaissemant de l'Eternel, de mépris de son Nom, & de sa Crainte, de Revolte cõtre luy, & d'entier Manquemant de sa vraye Conoissance, seson qu'Osée pour eus a dit, Qu'il n'y avoit plus *ny Verité, ny Sciance, ny Crainte de Dieu en la Terre*; & David, que *les Insansez ont dit en leurs Cœurs, Que Dieu n'est point*; Et c'est ce Mal aussi, trés Grand Mal, le plus Criminel de Tous, que nous voyons bien regner en nôtre Siecle; y ayant peu non seulemant *de Foy, & de Confiance en Dieu, mais de Creance méme de Dieu en plusieurs*; qui vivent come s'ils n'en croyoient point, & qui méme souvant le metent en doute, & en Probleme. Une Infinité, qui nient sa Providance, renient sa Verité, & meprisent sa Parole; un Nombre tres grand qui le blasfeme, & qui l'Irrite par Profanation, & par murmure; Et encore plus, qui l'oublient, ou le delaissent par lacheté, & par malice, le postposant à leur propre volonté, à leurs Plaisirs, & aus moindres de leurs Apetits.

Mais quand nous n'aurions ouï que Jesus Christ & son Apôtre, parlans expressemant de nos Tams, n'aurions nous pas bien assez de leurs Paroles, & de leurs Descriptions, pour voir Cele de nôtre Siecle, puis qu'ils disent,

Qu'ils

Qu'il n'y doit preque plus avoir ny de Foy, ny de Charité, mais à leur place toute Infidelité, & Convoitise, toute Violance, & Iniquité; & que les Homes en ce Tams doivent être Orgueilleus, Medisans, Manteurs, Meurtriers, Apostats mêmes, & Coupables de toute sorte de Pechez. Il n'y a qu'à les parcourir en la Liste que S. Paul en fait, & dont nous pouvons peser chaque parole en peu de mots.

Ils seront Amateurs d'eus-mêmes, dit premierement cet Apôtre, & partant *Convoiteus*, Oublieus de Dieu, & n'ayans point d'Amour pour luy, se cherchans, & se trouvans en tout eus-mêmes : Or ne somes Nous pas bien en ce Tams-là, où l'on trouve si rarement des Homes qui aiment Dieu, et qui ayent du zele pour sa Gloire, quoy que nous en trouvions tant, qui brulent de zele pour leurs honeurs, pour leurs Plaisirs, & pour l'assouvissement de toutes leurs Convoitises?

En second lieu, il dit, *Avaricieus*, or combien est il visible en ce Tams, Que tous s'adonent à l'Avarice, & à la Convoitise des yeus, ancore plus qu'à cele de la Chair, ou de l'Orgueil de la vie?

B 3　　　　　　*Tous*

Tous cherchent ce qui leur est propre, (come dit le méme Apôtre) *& non ce qui est de Jesus Christ.* On ne cherche ny le Regne de Dieu, ny sa Justice, mais bien tache-t'on de s'ajouter, & de se procurer soy-méme, le Reste, qui est par dessus, ou plutôt qui est hors de luy, & contre luy méme. Certes, Tout le Monde, depuis le Sacrificateur, jusqu'au Levite, s'adone à l'Avarice, & au Gain non honéte, mais deshonéte, mais Injuste, & humainemant méme vilain.

En troisiéme Lieu, S. Paul dit, *Vanteurs, & Orgueilleus*; Or qui ne void on, pour peu Avantagé qu'il soit d'Esprit, ou de Corps; de Savoir, ou de Jugemant; de Naissance, ou de Richesses; qui ne s'anfle soy-méme d'Orgueil? qui n'ait une presomptuëuse Estime de ses qualitez, ou de ses dons? Qui ne meprise Dieu, & les Homes? ne tiene bas, s'il peut, son Prochain méme à ses piés, en s'élevant sur sa Téte? Anfin quel Luxe en habits, en Ameublemans, & en depanse ne void-on? & en quel lieu trouve-t'on de l'humilité, & du mépris de soy-méme?

Quatriememant, l'Apôtre dit, *Diffama-*

famateurs, Calomniateurs, & Médisans: Or en quel Tams l'a-t'on plus été que dans le Nôtre? auquel la Foy passe pour Simplicité; la Pieté pour Bigoterie; La Sincérité pour Sotise; La Repantance pour Hypocrisie; & la Tampérance pour Avarice, ou Chicheté? Combien en efet void-on de Gens de bien horriblemant calomniez, & accablez même par les Calomnies? Combien sont dechirez en leur vie, en leur Doctrine, & en leur Reputation, par le Rasoir, & le couteau de la Langue? Et Meurtris mêmes par la Medisance, que le Sage nome *un Fléau*.

En cinquieme Lieu, l'Apôtre ajoute, *Desobeiffans même à Peres, & à Meres*; Or quand l'a-t'on jamais plus été, qu'en ce Tams, qu'on l'est non seulemant à Dieu le Pere Celeste, mais à la Mere Terrestre, qui est l'Eglise; & les Pasteurs, & Conducteurs en Elle, & par Elle? Aus Souverains & Magistrats nomez Dieus en l'Ecriture? aus Peres Spirituels & Tamporels; & aus Charnels même? à qui Nous voyons, que les Anfans Grands, & Petits, deferent si peu, qu'ils ne meprisent pas seulemant leurs Ordres, mais leurs

Persones ; & ne reconoissent non plus leur sang, que leurs ordres & leur vois?

En Sisiéme Lieu, il a dit, *Ingrats*; Or combien l'est on en ce Tams sur tout à Dieu, qu'on a perdu presque la Coutume de Remercier, dans les Familles, soit les matins, soit les soirs des biens receus de Nuit, & de Jour? Qu'on benit si mal dans les Maisons Publiques, & Particulieres, & de la Bonté, & Providance duquel on abuse, usant de luy dans l'usage du Ciel, du Soleil, de l'Air, de la Terre, & de ses fruits, come s'il étoit nôtre valet, & tenu de nous servir & de luy méme & de ses biens?

En septiéme Lieu, il dit, *Profanes*, Ce qui marque aussi Mépris de Dieu, & Outrage Impie; Or qui l'Est plus que Plusieurs des Chretiens mémes en ce Siecle, qui osent revoquer en doute l'Ette de Dieu, la Deité de Jesus Christ, & la Verité de leur Parole, & de leurs œuvres? Qui les tornent en risee, & en raillent dans leurs debauches, & meme en leurs Conversations familieres? Qui profanent en efet son Nom, & ses Sacrez Jours, & polluënt la Sainteté de leurs Sacremans, & de leur Culte?

Huit-

Huitiémemant, S. Paul marque, Qu'ils *seront sans Afection Naturele*, combien plus sans Afection surnaturele? sans Amour humain, & raisonable, combien plus sans le Divin, & le Fidele? Or vid on jamais les Homes si Desnaturez, & si Barbares, que plusieurs Chrestiens, obligez pourtant *par Christ à être humbles de Cœur, & debonaires?* Vid on jamais si peu de Tandresse pour le Prochain, pour l'Etranger, & pour le Povre, qu'à presant? & tant de Rudesse, & preque d'Inhumanité vers des Persones humaines, que dans la plus part des Homes, non seulemant de nótre Nature, mais méme de nótre Foy?

En neufiéme Lieu *à cete Barbarie*. l'Apótre joint *la Deloyauté*, quand il dit, *Sans Loyauté*, aussi-bien que *sans Afection naturele*; Or en quel Siecle se plaignit-on tant, qu'on fait dans le Nótre, *d'Infidelité, & d'Infideles*, non seulemant vers Dieu, mais vers les Homes? Dans les Afaires, & dans le Comerce? Dans les Negocians, les Artisans, & les Ouvriers? Puis que chacun méme d'eus se plaint, & que les uns disent, qu'ils ne peuvent se fier aus autres, & combien moins ceus, qui ne font pas d'entr-eus, se fier à pas un d'eus ?

En dixiéme Lieu, S. Paul ajoute *Incontinans*, & un peu plus bas, *Amateurs de Voluptez*; Or qui suivit jamais plus ses Convoitises, & ses Plaisirs, que Nôtre Monde ; qui ne respire que Delices? qui les afecte dans les Lits, & les Habits? dans les Viandes, & les Vins? & qui se done tout à fait en proye à la Volupté, & aus Satisfactions des Sens, passans jusqu'à la Brutalité? & ne metans nules bornes au Luxe, ny à la Luxure; & non plus aus sales Plaisirs de la Bouche, & du Vantre; que de la Chair, & des autres Apetits sansibles?

En onsiéme Lieu, S. Paul les nome *Cruels*, ce qui marque singulieremant nos Tams, où l'on void Chacun fermer ses Antrailles à son Prochain, & par fois à son Pere, & à sa Mere, & combien plus aus Etrangers? les Uns traiter en Procez, ou en Quereles, les autres de Turc à More, & de Canibales à Margajats? Ceus-là ravir le Bien, ceus-ci la Vie? & préque Aucun n'avoir Compassion, ny Charité pour son Ami veritable, ou pour son Enemi bien Repantant?

En

En douſiéme Lieu, il ajoute, *Hayſ-ſans, Trahiſſans les Bons*, en Particulier, & puis en General *Traitres* à Tous; Or en quel Tams ouyt-on parler de tant de Trahiſons Ocultes, ou Aparantes d'Amis, de Parans, & de toute ſorte de Perſones? en Afaires, en Charges, & en Negoces? Et ſur tout, combien ſont Trahis, Vandus, & Trompez les Gens de Bien, les Simples de Cœur, & les Sinceres; dont la Ruſe, & la Perfide font un Marché préque Public, & un Trafic découvert?

Treiſiémement l'Apôtre dit, *Temeraires*, come étans *Fols, & Impudans*; Et par efet, en quel Tams fut-on plus Fol, & plus Indiſcret, qu'en Celui-ci, auquel on oſe tout, on viole tout? & auquel on n'a égard à rien, ny à Autorité, ny à Paranté? Ny à Charité, ny à Juſtice? Mais on ſe done la Liberté de Tout atanter, de Tout anfreindre, & de n'a voir plus pour ſa Regle, que ſon Interet, ou queque autre Paſſion?

En quatorſiéme Lieu, S. Paul ajoute, *Hayſſans le Bien, & le Bons*; Or quand fut-on jamais ſi Enemi de la Vertu, & de la Pieté qu'à preſant, qu'on ne peut les aimer, ſans étre haï? Et s'y adoner,
ſans

sans en être detorné ? Et qui plus est mal-voulu pour leur Amour ? Mais sur tout, Combien sont afligez en ce Tams, les Saints par tout ? Et où est-ce qu'ils ne gemissent sous un Joug Tamporel, ou Spirituel aussi rude que celuy d'Egipte, & de Babilon ?

En quinsiéme Lieu, S. Paul depeint ces Homes come plus *Amateurs de leurs Plaisirs, que de Dieu, ny de son Plaisir, & Volonté*; Or y eut-il jamais Siecle, où l'Amour de Dieu manquât plus, & fut si fort abatu ? & où l'Amour du Monde & de ses Convoitises regnât plus, & fut élevé à plus haut Point ? Vid-on jamais rien de si froid que l'Autel de Dieu, & rien de si ardant que Celuy de Belial ? Ne sacrifie-t'on pas tout à son Vantre, *qui est le Dieu de Plusieurs*, & que laisse-t'on à Dieu, que ce que le Mende le plus grossier, ou le plus fin ne veut pas ?

En sesiéme Lieu, l'Apôtre taxe ces Gens-là d'être Hipocrites, veu qu'il dit, *Qu'ils n'ont que l'Aparance de la Pieté, non la Vertu*; Or en quel Tams fut-on plus Hipocrite qu'en Celui-cy, où l'on ne l'est pas Grossier, come de celuy de cet Apôtre; mais fin et rusé ?

où

où l'on se sert de la Religion come d'un Masque? du Sermant pour pretexte à mieus tromper? et du Manteau de la Verité pour déguiser mieus le Mansonge, et le faire passer sous son Habit?

En diseptiéme Lieu, S. Paul ancherit disant, *Qu'ils la Renieront*, et partant seront *des Blasfemateurs*, aussibien que *des Faussaires*, de Dieu, de Jesus Christ, de leur Verité, et de leurs Paroles; Or quel Siecle abonda plus que le Nôtre en teles Gens, puisque les Grans et les Petits y jurent egalemant? Et que les uns en font l'ornemant de leur Langage, et les autres leur coutume? Puisque les Nobles en apuyent ce leur samble leur Autorité, et les Roturiers s'imaginent en aquerir? Enfin en Justice, ou en Police, que void-on de si Comun que les Sermans, non seulemant legers, mais faus? Et qu'est-il de si familier aus Profanes, et aus Libertins, que la Profanation du Nom de Dieu et de ses Misteres?

En dishuitiéme Lieu, S. Paul parle *d'Apostats, & d'Apostasie*, et de Revolte contre Dieu et contre la Foy; Or combien de Laches la renient, où la diffidissimulent en nos Jours ? Combien n'ont de Foy qu'Historique, et Tamporele, sujete à decheoir, et à perir? Combien peu en ont une Vive, et Salutaire? Une Eternele, et Veritable, *Operante par Charité?* La plus part n'en ayans qu'une Fausse, et qu'une Morte, qui n'est pas plus une Vraye Foy, qu'un Home mort un vray Home, puis qu'il est sans vie étant sans Ame, et sans ce qui fait en luy son Estre Humain?

En diseneuviéme Lieu, l'Apôtre ajoute, Qu'*ils seront adonez à la Doctrine, & au Service du Diable* ; Or quand fut-on jamais plus Esclave qu'à presant *de ce Prince du Monde, & Dieu du Siecle?* (come Christ et S. Paul le noment) puisque le Nôtre luy est soumis, et qu'en efet il y regne par l'Idolatrie, et par les Superstitions? par l'Erreur, et par le Vice? Et par toute sorte meme de Vices et d'Erreurs ensamble, Nôtre Siecle ayant herité et recueilli luy seul tous les autres Precedants, et en étant come l'Egout.

En vintiéme et dernier Lieu, S. Paul conclut, Que les Homes de ce Tams seront *Cauterisez en leur Consciances,*
c'est

c'est à dire, l'Auront *Infanfible*, come le devient l'androit du Corps, que le Cautere a brulé; Or en quel Siecle eut le Monde la Confciance plus andurcie que dans le Nôtre, auquel on fe plaint meme, qu'il n'en a point ? Et que s'il en a quequ'une, elle n'eft ny piquante, ny troublée, mais tout à fait tranquille, et paifible dans les plus grands Maus, tant pource qu'elle ne les fant pas, que pource qu'elle ne fait plus nul fcruple de les cometre ?

Que fi aus Paroles du Serviteur Nous ajoutons celes du Maitre; Qu'en ces Tams-là, qui font les Nôtres, *Il n'y aura que peu de Foy en la Terre, & que la Charité auffi y fera fort rafroidie, pource que l'Iniquité y abondera,* et pource que la Convoitife y fera fort alumee ; Quele Idee pouvons nous avoir de Tout le Monde en General, et du Chretien en particulier, que Cele d'un Povre Cadavre, et d'un Corps tout à fait mort, et glacé ? Privé de Santimant, et de vigueur, et preque auffi corrompu, come Celuy qui grouille de vers ?

En efet, Il n'y a qu'à jeter l'œil fur luy, et fur fon Etat, en queque lieu qu'il qu'il se trouve ; pour voir qu'il n'est que Corruption, et que Playe, A la Tete, au Cœur, aus Bras, aus Piez, et en tout le Corps? C'est à dire, en ses Desseins et ses Pansees? En ses Affections, et ses Desirs? en la Force de son Peuple, et de ses Soutiens? Et enfin en tous ses Etats, et Ages, jusques aus plus foibles, et plus decrepits, qu'on ne void que trop forts, et que trop Virils pour faire le Mal avec vigueur?

C'est ce qui m'a fait vous dire (mes Freres) Qu'ayant eté jusques icy en diviers Lieus, et Païs Chretiens, je n'ay esté en aucun, ou je n'aye veu *un Grand Dechet d'Esprit Apostolique & Chretien, Un Grand Relachemant de Pieté, & de Sainteté de Vie, & un Grand Besoin de Reformation Particuliere & Generale*, qui m'oblige à Vous antretenir de son Dessein.

Par le Dechet de l'Esprit Apostolique j'antans celuy du *Pastorat*, qui tenant et la Doctrine, et la Place des Apôtres, peut-étre antandu sous leur Nom, puis qu'il doit se santir de leur Esprit : Or combien peu tient-il en ce Tams de leur Ferveur, et de leur zele? de leur
Deta-

Détachemant saint, & de leur Force, & Promptitude à courir par tout, où l'Esprit & la Gloire de Dieu les apeloit? & où le Bien, & le Besoin des Eglises les obligeoit de se trouver?

Par le Déchet de l'Esprit Chrétien j'Antans Celuy des Eglises memes, & non seulemant des Pasteurs, mais des Troupeaus, qu'il est aisé de voir, & de Verifier être décheus *de la Sainteté des Premiers Chrétiens*; & non seulemant de la Leur, mais *de Cele des Seconds*, c'est à dire des Peuples, qui de tams en tams se sont *Reformez* sur leur modele, & ont taché de les Copier.

En éfet, où voyons Nous en nos jours de ces Portraits, que S. Luc depeint si beaus dans le Livre de ses Actes? Quand il dit, *Que Tous les Croyans etoient un Cœur, & une Ame. Qu'ils etoient tous d'un Acord, & avoient toutes choses antr'-eus Comunes. Que toute Ame avoit & Foi, & Crainte, & perseveroit en la Priere, & en la Comunion. Qu'anfin ils étoient Tous ramplis du S. Esprit*, que Nous avons en ce Tams si peu?

Act. 4. v. 32.
3. v. 44. 46, 5. v. 11.
4. v. 31.

Où sont ces Eglises, que S. Paul nome si souvant *les Assamblées des Saints*,

Rom. 1.
1 Cor. 1.

C qui

qui s'entr'aident, & s'entre-saluent come Saints? Ces Corps de Christ, ces Eglises, qu'il luy destine come Vierges, propres à ses Epousailles? En fin Celes, contre qui Jesus n'aye que *tres peu de Chose* en mal, come il marque en celes d'Asie, qu'il louë de beaucoup de Bien? Certes on n'en void guéres dans l'Europe, & il y en a tres peu, où l'on ne voye de grands maus.

2. Cor. 1.
Eph. 1.
Phil. 1.
4. v. 21. 22.

Je sai bien, qu'on Nous peut dire, que Nous somes de fort grands Acusateurs; mais le Somes Nous Legers? Que nous Somes des Peres Chagrins, malaisés à contanter; mais Nous plaignons Nous à tort? & Somes Nous mal fondez de dire, *Que le Christianisme en General a decheu? Que les Chrétiens ont perdu leur premier Esprit, & qu'ils sont devenus Corps, & Corps de vice? Corps mondain, & Simple Fantôme* Chrétien?

SECOND CHEF.

Preuves plus Particulieres d'une Corruption Generale parmi les Chrestiens.

Pour le prouver, il ne faut que jeter l'œil sur nos Tamples, pour voir, Combien ils sont peu ramplis les Jours
Ou-

Ouvriers, encore qu'on y faſſe autant de Predications, & de Prieres, que des Jours de Dimanche en pluſieurs Lieus. Il n'y a qu'à conſiderer auſſi, combien lors qu'ils ſont le plus frequantez, & les plus pleins, le Cœur du Monde y paroit vuide, & peu rampli de Grace, & de Pieté. On y prie ſans atantion, auſſi-bien que ſans reſpect. On y chante des Ers ſaints vraymant en l'air. On y confeſſe ſes Pechez ſans Repantance, & beaucoup plus ſans Propos d'Amandemant. Au lieu des les pleurer, on en recite l'Aveu come une Chanſon. On y lit la Bible ſans l'écouter, & beaucoup plus ſans y antandre parler Dieu. Souvant mémes on y parle plus haut qu'elle, & que luy. La vois de l'home y fait taire cele de Dieu, & pour le moins la rand ſouvant inutile, & ſans éfet.

N'eſt-il pas veritable ancore, Qu'on y cauſe come chez ſoi? Qu'on y mene bruit come en la Ruë? Qu'on s'y promene come en un Bois? Qu'on y dort come en un Lit? Qu'on s'y diſtrait come en un Jardin? Et meme qu'on y extravague en plein jour come en ſonge durant la Nuit? On y préche, dirons Nous,

Nous en l'air? & soit du Coté du Predicateur, soit du Coté des Auditeurs? Certes, Ceus-ci se plaignent souvant que l'Un est aussi morne, ou mort que les Autres, & que Tout y est fort Negligé, & Negligeant. Que l'Un endort le Corps par son Pleur, ou par son Chant en prechant; l'Autre par sa Monotonie, ou sa fasson de Precher, come s'il lisoit. Celui-cy par sa Lanteur à parler, & celui-là pour n'avoir ny vigueur, ny zele à dire les Choses avec force, & avec queque Energie d'Esprit.

Mais le Pire est, Que les Discours y andorment par fois les Ames dans le Someil du Peché, par le moyen d'une Doctrine ou Flateuse, ou complaisante, qui óte à l'Euangile sa Force, en luy ótant sa rigueur. Qui ne preche jamais que Salut & Grace, méme à des Gens Perdus, & Impenitans. Qui n'o-

1. Tim. 5. *se reprandre en Public Ceus qui pechent*
v. 20. *publiquemant. Qui dit Paix, lors qu'il*
Esai. 48. *n'en y a pas pour les Impies, dit Dieu.*
v. 22. Jer. *Qui ne fait que blanchir la muraille,*
6. v. 14. *mais ne la rebatit point. Lave le Dehors*
Ezech. *de la Coupe, non le Dedans, & panse à la*
13. v. 10. *legere la mortele Playe de Babilone, & de*
13. *Sion.*
Mat. 23.
v. 25.

Sion. Si cela eſt, il ne faut pas trouver mauvais, que ceus que nous acuſons, nous acuſent, pourveu qu'ils le faſſent juſtemant ; & que come nous deſirons, qu'ils ſe corrigent, Nous leur en donions non ſeulemant l'Avis, mais l'example par nótre propre Amandemant.

Come nous cherchons celuy du Monde Chrétien, pourſuivons à voir ſes Maus plus de Coulpe, que de Peine, & ſes Pechez regnans bien plus en d'autres lieus, que les Sacrez, & dehors, que dedans les Tamples. Antrons dans les plus conſiderables aprez eus, qui ſont les Palais des Grans, qu'on nome Leurs Cours ou de Juſtice, ou de Nobleſſe. Helas ? quoique Tout n'y publie que le Droit, combien s'entrouve-t'il peu de randu come il faut, aus Povres, aus Vefves, & aus Orfelins ? Combien s'y fait-il d'Injuſtices ſous le Nom de la Juſtice, qui manie ſouvant l'Epée, auſſi-bien que la Plume injuſtemant ?

Combien ſouvant y ſont les Juges Parties ? les Parties Juges ? ſur tout quand elles les ont corrompus ? Ces Gens, que l'on peint ſans yeus, & ſans mains,

mains, n'en ont-ils pas pour voir, & pour prandre des Presans, & des Payemans Iniques? Pour faire Acception des Personnes, & selon leur haine, ou leur Amour Juger, & condanner ou absoudre? Souvant ne punissent-il pas des Crimes dans les autres, que non seulemant ils soufrent en eus-memes, mais absolvent, & recompansent & d'honeur, & de plaisirs? Ne suportent-ils pas en leurs Domestiques, Parants, ou Amis des Choses, qu'ils chatient dans les Etrangers; & n'epargnent-ils pas le Sang des Uns, quand ils épanchent, & prodiguent celuy des Autres?

Mais ancore aiment-ils souvant mieus Saigner les Bourses, que les Corps; l'Or solide & son Jaune agreant plus qu'une Liqueur, dont le Rouge cause toûjours queque horreur. On ôte plus aisémant le Bien, que la Vie, & par efet, combien ont coutume les Juges d'en anlever aus Parties, pour s'en reserver toûjours beaucoup? Le plus liquide, qu'elles ayent, est pour eus, & souvant un morceau de Parchemin écrit, qu'ils leur donent en terminant leurs Procez, acheve de leur

ôter

ôter celuy qu'ils leur font gaigner.

Cepandant, Que les Uns jugent si mal, combien plus mal plaident les Autres, c'est à dire, Les Advocats fins, & Adroits, qui mieus que les méchans Chirurgiens, ou Medecins n'agrandissent, ou n'antretienent les Playes, ou les Maladies, alongent, & font durer les Procez? N'a-t'on pas coutume de dire, Qu'*Ils les savent Immortaliser?* En efet, combien en void-on durer des Siecles, & toutefois se poursuivre tous les Jours? Les Chariots ne sufisent pas à en porter les Sacs de Pieces, dont les Etudes des Grefiers & des Procureurs sont mieus garnis, que les Magasins, & les Arsenaus de Marchandises, ou de Provisions de Bouche, d'Armes, & de Guerre.

La Plaiderie en est Une, où l'on tuë & où l'on vole Impunémant. C'est aussi pour amplir la Bouche afamée des Oficiers de la Justice, que la Guerre des Procez se fait. Toute Autre ne se servit jamais de tant de ruses, ny ne fit tant de Prisoniers; que cele-cy ne se contante pas de ransoner, mais qu'elle dépouille, & ranvoye toûjours Nuds. O combien s'y comet-il de Faussetez, aussi-bien que d'Injustices ! Que de Fausses Pièces ! Que de Faus Actes, & de Faus Contracts ? Tout passe pourtant, & a cours, pourveu qu'on ait de l'Argent, & des Amis, come on dit, en Cour. Jamais Persone n'a tort, ny ne perd sa Cause, s'il paye bien. Les Plaidoyers, & les Arrets sont venaus; ou pource que les Charges, ou pource que les Cœurs le sont.

De plus grandes, ou pour le moins plus vaines Cours que celes-là, ne sont pas moins corrompuës ; & pour ne conoistre gueres des Crimes, n'en font pas pour cela de moindres; mais au contraire de plus Grands, pource qu'ils n'y sont gueres punis. Combien y regne la Fourberie aussi-bien que la Dissimulation ? Combien s'y plaint-on des Trahisons, & des Traitres ? Quele mangerie n'y a-t'il pas de Pain humain, & quele soif de Sang de Peuple, qui ne s'éteint préque jamais au moins dans les Partisans ?

Le Monde Chrétien a plus de Peagers, que le Romain, *Gens tous de mauvaise vie*, bien moins convertibles que Zachée, ou que Mathieu. Est il rien de plus Fier qu'un Noble ; qui a plua plutot le Cœur d'un Lion, que d'un Chrétien, quand il est Sanguinaire, & quereleus? Est-il persone, qui jure plus insolamant qu'un Gentil-home hardi? Où en avons nous aujourd'huy de genereus, & de modestes? Les Braves ne montrent-ils pas leurs Bravoure à s'en prandre au Ciel, à blasfemer le Nom de Christ? & à ne craindre pas meme Dieu? Ce seroit peu, que l'Ignorance de la Religion fut dans les Cours, si souvant l'Atheïsme n'y étoit, par fois ouvert, par fois secret; & si ce n'est pas toûjours Speculatif, au moins Pratique; selon que la Vie, & la Conduite le font voir.

Elle est si Politique d'une part, que l'on a bien de la peine à ne l'apeler pas Fourbe; & de l'autre si dissoluë, Que ce que disoit JESUS des Cours d'Herode, & de Cesar, se peut bien dire aujourd'hui de celes de plusieurs Grands, à savoir, *qu'on y aloit molemant & pompeusemant vétu.* Qu'on n'y trouvoit ny l'Austerité, ny le Cilice; & qu'ou n'avoit garde d'y vivre come Jean Batiste au desert austeremant: Au contraire, Quelle dissolution n'y void-on pas en Colations, & en Festins? en
Linge,

Linge, en Habits, en danteles, et ancore plus dans les corps, qui les portent, & en font couverts? O qu'il y a d'ordures fous ces Parures, & de faletez Cachées fous une fi brillante Propreté!

Mais comant ne fe Marieroient pas le Luxe & la Luxure dans les Cours, puis qu'ils le font bien ailleurs, dans des lieus, & des Perfones, qui n'ont pas come les Palais & les Grands moyen de les entretenir? N'y a-t'il parmi Nous de Jeus, & de Bals, que dans des Hotels? N'en void-on pas dans des Maifons particulieres, & fouvant en elles des Perfones mieus vetuës qu'à la Cour, quoy qu'éles ne foient ny Princeffes, ny méme Nobles? O que la Vanité eft venuë en nótre Siecle à un haut Point! O que toute forte de Chrétiens font eloignez de l'humilité Chrétiene! Il n'eft pas jufqu'aus Clous du Sanctuaire, je veus dire, jufqu'aus Perfones le moins, ou le plus Eclefiaftiques, qui ne veuillent étre d'or, ainfi que ceus du Tabernacle Ancien.

En éfet, qui eft-ce, qui ne remarque du Luxe par fois en leurs Familles? de l'Or, & de l'Argent fur la Téte, le Corps,

Corps, & les Habits de leurs Anfans? Mais n'en y a-t'il point sur ceus des Meres, & pour le moins du Velous ronflant, des étofes éclatantes, & des Diamans ancore bien plus brillans? Les moindres Marchandes en portent, bien que leurs Maris ne soient ny Joyaliers, ny des Gens à devoir faire remarquer leurs Fames par des Joyaus. Mais quoy? peut-étre sont ils achetez par un Comerce frauduleus? Peut-étre ne coûtent ils que la peine de les Voler, ou de les aquerir injustemant?

Je passe come vous voyez des Lieus Publics des Cours, à ceus du Comerce, où l'on ne peut nier, qu'il n'y ait un grand Trafic d'Iniquité. Souvant les Marchez ne sont que des Lieus Publics de Tromperie, & des Teatres de Vol. Le grand Monde, qui s'y trouve, n'est par fois qu'une Assamblée de Trompeurs, où chacun jouë au plus fin, & à qui surprandra son Compaignon. Les Jouëurs de Passe-passe, & de Gobelets savent-ils plus de Finesses, que les Vandeurs, & les Acheteurs en ce Tams? Qui d'entr'-eus est d'une Parole, & n'en dit pas Cent Manteuses? Qui ne jure, & ne se parjure
méme

méme pour un Sol, & pour une chofe de bas prix? Il n'eſt Simple qui n'y ſoit ſurpris, & Sage méme trompé?

Combien oit-on les Negocians méme ſes plaindre des Negocians? Les Cometans des Comis, & les Comis de Cometans, come Cometans Tous beaucoup de Crimes? Combien ſe plaint-on des Infidelitez dans le Comerce, que les Banqueroutes prouvent, & que les Procez font decouvrir? N'en eſt-il point auſſi, qui s'anrichiſſent des Pertes des Autres, & qui grivelent ſur leur Gain? Les Uſuriers ne le font-ils pas double, & triple queque fois, lors méme que le Simple ne Leur eſt pas deu? Certes Tous les Lombards ne font pas en Italie, dont les Exarques ont eſté chaſſez; puis qu'il eſt par tout tant d'Uſuriers, & d'Exacteurs, qui n'ont nul Droit de lever des Tailles, & toutefois font des Impôts.

Je paſſe ſous Silance les Faus Poids, les Fauſſes Meſures, qui ne font pas toûjours dans le plomb, ou dans le bois, mais dans les doits, que d'habiles Vandeurs péſent, & meſurent en beaucoup de Lieus; & que de Povres

Ache-

Acheteurs payent, & achetent, sans les avoir come l'Etofe, & la Chair, ou les danrées, qu'il leur est permis d'amporter. Combien en est-il, qui frelatent ces dernieres, & qui ne vandent rien de pur? ny Vin, ny Huile, ny Liqueur aucune, alterans tout ce qu'ils vandent, & vandans pour Bon, ce qu'ils ont gâté?

Est il préque de Lieus, où l'on ne Trompe, & où l'on ne dérobe sans être estimé Larron? Ceus où l'on vand le Blé, où l'on le moud, où l'on le paitrit, & le fait pain? Ceus où l'on habille, où l'on chausse, & où sur tout on nourrit les Homes, sont ils exants de Tromperie, ou de Vol? N'écorche-t'on point les Passans, & les Etrangers dans les Hôteleries Chrétienes, sous pretexte de leur estre Hospitalier? Ne reçoit-on pas les yvroignes dans les Cabarets, & dans des Logis Publics des Persones Impudiques, & Publiques? & pour le moins les Ocultes n'en ont Elles pas de Secrets assez conus?

Nous saurions Nous assez plaindre des Excez, qui se cometent en de tels Lieus, & qui sont préque tolerez par tout?

tout ? Combien en est-il où la Chasteté se vand & s'achete, aussi-bien que le Pain & que le Vin, & toute sorte de Chair ? Combien ailleurs est-elle volée, ou violée, ou méme donée pour Rien ? Combien est devenuë Comune aujourd'huy parmy les Chrétiens la Paillardise, & qui plus est l'Adultere méme ? & d'Autres Pechez, que Plusieurs n'estiment que de necessaires Divertissemans, & des Apetits excusables, & Naturels ?

A quoy tandent toutes les Modes non seulemant toûjours vaines, mais pour l'ordinaire Indecentes, sur tout au Sexe, qui doit avoir le plus de pudeur, qu'à le corrompre, & qu'à le randre Corruptible, come si de luy méme il ne l'étoit pas assez ? Le Fard, les Frisures, les Parures, & méme les Contenances afetées, & sur tout les Nuditez de Bras, d'Epaules, & de Gorges decouvertes, vont elles ailleurs qu'à indiquer l'Impureté, à l'ansei-gner, ou à l'irriter ?

N'y fait on pas queque fois servir des Corps Innossans ? Est il jusques aus Anfans qu'on ne farde, qu'on ne vermillone, qu'on ne frise, & qu'on ne débraille

braille, come si l'Auteur de la Nature ne les avoit pas faits assez rouges, ou asses blancs? assez beaus, assez anjouez, & assez mignars? pour les acoutumer par-là de bone heure à se déguiser, & se contrefaire; & ainsi tromper le Monde, étans & Petits, & Grands?

Aussi void-on, & trouve-t'on par Tout de l'Ordure & en Petit, & en Grand Age; en tout Sexe, & en tout Etat, jusqu'à celuy, que l'on croit le plus Innocent. Combien plus l'Est l'Avancé, & le Meur? Ou, pour mieus dire, le plus Verd, quoy que non pas le plus froid? Combien est la Jeunesse Chrétiene de ce Tams ardante aprez Ses Convoitises charneles, en un Tams auquel elle a le Sang tout bouillant, & brulé en sa Chair come un charbon allumé? O qu'il est peu de Jeunes Gens Chastes, & qui ne perdent en ce Tams leur Virginité devant le Tams! O que de Naufrages, de Chasteté & de Chastes en Terre ferme, quoy que l'Incontinance s'acompare à l'Eau, & qu'on l'en fasse venir? O qu'il est besoin de décrier ce grand Vice, & d'instruire les Jeunes & les Vieus à le fuir?

Un autre, qui est *l'Intamperance de la*

la Bouche l'Antretiént en nourriſſant trop le Corps. La Chair mange trop de Chair, pour n'eſtre pas fort Charnele. On boit trop de Vin pour n'abonder pas en Sang, & n'en avoir pas de Superflu; de Corrompu, & méme d'auſſi Boüillant, que le Vin méme eſt Chaleureus. Quels excez n'y comet-on point préque en tous les Païs Chrétiens, ſoit que le Vin y naiſſe, & croiſſe come Naturel; ſoit qu'il y ſoit tranſporté come Etranger?

C'eſt une Choſe honteuſe ſans doute, Que le Chriſtianiſme de ſa Nature Sobre, & Reglé, ſoit devenu Intamperant, & Glouton? C'eſt un Prodige, que l'Euangile, qui dit tant, *Qu'on ſe garde bien d'avoir le Cœur, & le Corps grevé de Viande*; ait des Diſciples, qui en crevent? Que luy, qui anſeigne *de fuir l'Excés du Vin, dans lequel eſt la Luxure*; Et avec le Sage dit, Qu'Il eſt Trompeur, & qu'il faut bien, qu'il le ſoit, puis qu'il a trompé des Patriarches, aye des Anfans des Patriarches, qui en prenent trop? & qui en boivent ancore Eſtans Chrétiens, & ſe diſans Enfans de Dieu, autant que s'ils étoient des Payens; & vivoient aus Siécles, auquels on adoroit

roit le Vin, & les Vignes, & pour le moins les Fausses Divinitez, que l'on croyoit y presider.

Certes *La Réformation* devoit avoir reformé cete Diformation. Cet Abus du Vin meritoit bien d'estre ôté aussi-tôt que Celuy de l'Eau Benite. Come il n'y doit point avoir parmi les Chrétiens des Neptunes, & des Nerëides, il ne faut pas, qu'il y ait des Baccus, & des Baccantes : Neamoins Tout en fourmille à presant, & l'on fait des Bacanales, non un seul, ou Plusieurs jours mais tous les Jours, & l'An antier. On y joint les Nuits aus Jours, & peu s'en faut, qu'on n'y coure les Ruës durant elles, avec des Torches en Baccans, & en Baccantes anragées, tant le Feu s'allume dans les veines par le Vin, & y fait bouillir le Sang.

S'il ne porte que raremant à ces Excez, qu'on ne fait gueres qu'en Carrosse, & qu'à Cheval, lors que l'on l'est devenu ; Il en fait cometre d'autres, qui ne sont pas moins brutaus. J'aurois honte de les dire tant ils sont Sales, & santent le Chien vomissant, & le Pourceau Saoul. On les imite en tout dans l'Yvroignerie, de laquele

D (come

(come dit S. Paul) *naît la Luxure*, & qui fait veautrer les Homes dedans la Bouë, auſſi-bien que ces Vilains Animaus.

Elle fait bien pis, car Elle fait manger aus Peres leurs Fames, & leurs Anfans, ſur tout dans les Cabarets, qu'on peut bien nomer des Goufres, où non ſeulemant Pluſieurs ſe noyent de Vin, mais y noyent leurs Familles, & y laiſſent avec elles tout leur Gain, & tout leur Bien anglouti. Ils ne le boivent pas Tout, ils en perdent une Partie, en croyant gaigner celuy des Autres. Le Jeu les ruïne tous, & ſe joüe d'eus, leur anlevant & leur Argent & leur Tams, & enfin méme leur Ame.

Les Petits ne ſont pas Seuls, à faire ſes grandes Pertes. Les Grands la font plus ſouvant qu'eus, pource qu'ils s'en ſantent moins. Combien en void-on en nos Jours ne ſavoir que ce Métier ? Combien de Chrétiens & de Chrétienes, qui attribuënt Tout au vray Dieu, & à ſes Ordres, s'atachent à la Fortune, & au Hazard dans le Jeu ? Font le Métier des Soldats, qui crucifierent Jeſus Chriſt ? Joüent ſinon ſa Robe, au moins bien ſouvant les Leurs, aprez

avoir

avoir joué leur Argent? Et soit qu'ils gaignent, soit qu'ils perdent; volent les Autres, ou eus-mêmes sont volez? quand bien ils ne tricheroient, ou tromperoient pas, & seroient les plus Fideles du Monde en une Chose, où il n'y a qu'Infidelité, de la part soit du Jeu, soit des Joueurs?

Certes on ne sauroit dire les Crimes, qui s'y cometent, non seulemant en la Perte du Tams, qu'on doit à Dieu, & souvant aus Homes; à sa Charge, ou à sa Famille; aus Particuliers, ou au Public; mais ancore *en la Convoitise des Yeus en tout Sens*, c'est à dire, & de la Chair, & du Bien; La Veuë des Sexes aussi-bien que de l'Argent emouvant l'Ame, & faisant desirer & l'Un & l'Autre avec Ardeur: En Tromperies, en Dez, ou Fueillets pipés; en Intelligences de Deus ou Trois contre un Tiers, ou contre un Seul trahi de Plusieurs; En Juremans, & en Blasfemes, qui devienent des Parjures, en soutenant le Faus, ou s'angageant à se dedire du Sermant de ne jouër plus. En Quereles sur le Jeu, & en des Amportemans à se Batre tout de Bon; & enfin en Ruïne antiere, & en Abus de Bien pro-

D 2   diga-

digalifé, mal gaigné, ou mal perdu, & toûjours mal amployé, n'étant mis ny à Rante, ny à Trafic, fi ce n'eſt à celuy qui torne à Perte, & qui de Riche fait devenir Povre, la Sortie de la Maiſon du Berlan étant l'Antrée en cele de l'Hopital.

Ce dernier Lieu, eſt un Lieu Public de Charité, auquel Nous ne touchons pas, quoy qu'en ce Tams il y ait des Gens, qui ne font point dificulté de toucher, & aus Deniers, & ans Revenus Saints, & Sacrez, quand ils peuvent y metre la main, & en augmanter ceus de leurs Maiſons: D'autres Lieus en Partie Civils, en Partie Ecleſiaſtiques, & par conſequant Sacrez auſſi, nous obligent de les Viſiter. Ce ſont les Coleges Chrétiens, où neantmoins les Auteurs Payens ſe liſent; & où la Jeuneſſe, qui profeſſe la Verité de l'Euangile, s'eleve antre les Fables d'Homere, & d'Ovide, & d'autres Auteurs Dannez, & où l'on antand bien plus parler de l'Hiſtoire d'Alexandre, & de Ceſar, que de cele de Moyſe, de Joſué, & méme de JESUS Chriſt.

Certes, c'eſt une Choſe digne de
tres

tres grand Etonemant, Que la Reformation qui a rétabli l'Usage des Saintes Letres, n'ait pas aboli, ou retranché celui des Profanes; & pour le moins n'ait pas mis les sacrées à leur place, mais les ait laissées tenir toujours le haut bout en ses Ecoles, et s'y asseoir aus Premiers Bancs. Nous voyons tous les jours, come tout le jour se passe à faire antandre des Maitres, ou Auteurs Payens à des Disciples, et à des Anfans Chretiens. Come on charge leur memoire de leur Prose, et de leurs vers; que l'on leur fait aprandre par cœur de grand cœur, et dont on leur fait randre un si exact compte, que s'ils y manquent un mot, ils sont chatiez plutot, et bien plus severemant, que s'ils avoient oublié les commandemans de Dieu, ou la Confession des pechez, qui meritent Chatimant.

On ne s'ampresse point de la sorte, pour leur aprandre, ou faire aprandre la Bible, ses veritez, et ses Santances, bien autres soit en Prose, soit en vers, que celes de Ciceron, ou d'Horace, et que les Fables d'Homere, ou d'Ovide, qui ne valent pas celes d'Esope. On ne fait point ainsi étudier Moyse, et ses livres;

D 3

vres; David, et ses Pseaumes; les Ecrits des Profetes, et des Apótres; et sur tout la vie, la Doctrine, et les Misteres de JESUS Christ; come l'on fait etudier avec grand soin ceus de Numa, ou d'Enée, en Virgile, ou en Plutarque, qui font des contes en les racontant. Aussi void on nos Anfans devenir Grands sans savoir, quels sont les Profetes et les Apótres, sachans bien, qui sont les Poëtes, et les Orateurs Grecs, et Romains. Quinte Curse, et Suetone font preque taire les Euangelistes, et Seneque fait come tomber S. Paul des mains, ou pour le moins le chasse des cœurs. Enfin les Auteurs Comiques plaisent plus que les Apótres, en efet ils sont des Gens Plaisans, qui disent bien des Plaisanteries, et des Saletez aussi. Ces vilains, et leurs samblables, les Ovides, les Horaces, et tous ces Anciens Poëtes lascifs, et *vuideurs de Pots*, dont ils ont amprunté leur Nom, ne cessent (pour parler avec les Profetes) *de viléner* les jeunes Gens. Ils corrompent leur bas Age, et Souïllent leur Innocence dès l'Anfance, et le Berceau; et pour le moins celle, qu'il leur a donnée,

&

& conservée entre les mains de leurs Parants, jusques à ce qu'ils tombent en celes de ces Parâtres, & de ces Maîtres, Assassins de leur Pudeur.

Aprés cela faut-il s'étoner, si des Anfans sont peu Chastes, & s'ils savent des Ordures, qu'ils devroient ignorer meme estans Grands? Faut-il s'étoner, qu'ils n'oublient pas des leçons aprises de si bone heure, & si long-tams? Et si selon les mauvais Examples, qu'ils ont leus, ils en donent de samblables en les imitant? Qui doute, que tant d'Etude Profane ne les rande Profanes aussi? & pour le moins n'afoiblisse beaucoup en eus la Force de la pieté, puis qu'elle leur ôte le Tams d'etudier & de savoir celle de la Foy?

En efet combien y est ignorante en ce Siecle la Jeunesse, qui aprand bien par cœur un Catechisme, mais ne l'antand du tout point? Comant l'antandroit elle, on ne le luy explique pas? Ou si l'on le fait, c'est en passant, une fois la semaine, à la legere, & durant fort peu de Tams. Elle randroit bien mieus compte d'un Lieu obscur de Plaute, & d'un vers obscur de Perse,

D 4   ou

ou d'Horace; que d'un passage de S. Paul, ou d'un verset de David, puis qu'on l'a plus anretenuë des Auteurs Profanes, que des Saints. Il ne faut pas aussi s'étoner si elle devient Profane, & en fait preque tous les Actes dans les Tamples en y brouillant, dans les Maisons y friponant, dans les rües s'y batant, dans les lieus secrets y joüant, ou y faisant chose pire, dans les Publics, y montrant son insolance, & son Indiscretion?

Mais ce ne sont pas les seuls Anfans, dont on se plaint de ces choses. De plus Avancés en Age qu'eus en sont acusés; & il n'est preque point d'Academies, où la Jeunesse ne soit taxée de Debauche, sans excepter meme cele, qui ne doit vaquer qu'à s'epurer. Elle y est toute obligée, mais sur tout *la Filosofe*, puis qu'elle prand le Nom *de Sage*, où d'*Amie* de Sagesse; & beaucoup plus *la Teologique*, qui amprunte le Sien *de Dieu*, *& de la Sagesse incrée*, *& incarnée* qui est JESUS Christ, *verbe fait Chair*, & vraimant *Emmanuël*, *Dieu avec Nous*.

Toutefois la sçauroit-on bien excuser, ou l'exanter du Blame, que plusieurs

sieurs luy donent, d'étre non seulemant trop curieuse, & trop Eplucheuse de la Foi; mais trop peu Respectueuse à l'Ecriture, & revéche à sa Pratique ? d'Estre non seulemant trop peu modeste, & trop peu humble ; mais trop vaine, & trop amportée ? quequefois meme Libertine ; & Debauchée au milieu des Anseignemans, & des Examples, qui luy sont donez par ses Superieurs, & ses Egaus en bon Nombre, d'étre Sobre, d'estre Chaste, & sur tout humble de Cœur.

Que si aüs Lieus, où la jeunesse est instruite de la Foy, de la Pieté, & de la vertu ; il y en a si peu de Conoissance, & de Pratique ; Quelle peut elle estre dans les Lieus, ou elle est laissée à sa grossiereté, & à son Aveuglement; aussi bien qu'à sa Nature Corrompuë, & à ses mauvaises Inclinations ? Aussi est il deplorable de voir, combien elle est ignorante dans les Boutiques, dans les Maisons particulieres, & dans tous les Lieus, où il n'y a préque point d'Instruction.

On la met deus, & trois Ans à un Métier, qu'elle aprand assez tôt, & assez bien ; & ny l'on ne l'aplique à aprandre

dre le Metier d'etre Chrétiene; & elle ne le sçait aussi de dis Ans, ny de sa vie. Se doit on donc estoner, si elle croist en vice à mesure qu'elle croist en Age? Et si elle ne sçait que jurer, que mantir, que fraper, & qu'étre impure, puis qu'elle n'a rien apris qu'à pecher? Sans manger du fruit de l'Arbre de Sciance, elle sçait le mal, & souvant meme le fait sans le sçavoir. O que de Pechez d'ignorance! qui pourtant ne sont pas Exants de Malice, d'autant plus grande, qu'elle est brutale; & que pour étre Crasse, elle n'est pas moins opiniatre, & maligne en son sujet.

Mais anfin passants des Lieus Publics aus particuliers, voyons si dans les Familles, & dans les Maisons Particulieres, on est plus Modeste, & plus retenu. Certes les Riches y paroissent trop richemant ameublées, pour nous y doner des Examples de Modestie & d'humilité. L'Azur y eclate, l'Or y brille, & les Tableaus y contestent avec les Statuës de prix.

Diroit on bien, que des Chrétiens, qui hayssent tant l'Idolatrie, & les Idoles dans les Tamples, en eussent en leurs

leurs Maisons? & en eussent non seulemant d'humaines, & qui represantent de veritables Persones, ou Parantes, ou Amies; mais en eussent de fausses Divinités? S'ils n'en adorent pas les Types, ou les Prototypes, au moins en adorent ils (pour le dire ainsi) l'Artifice, & la valeur. C'est toûjours Idolatrie ou de Beauté, ou de Prix; Et l'Ouvrier, & son Ouvrage randent sans doute aucunemant leurs Admirateurs supersticieus.

J'aurois honte de découvrir sur ce point des Peintures, qu'il n'en y a que trop parmi les Chrétiens de découvertes, & qui exposent des Nudités, que la Nature dicte de couvrir, & qu'un Art éfronté decouvre aus yeus, qui fuyent le plus d'en voir. Sous pretexte qu'il ne fait que metre en toute sorte de couleurs des choses, qui ne sont qu'en noire dans la Bible, & qu'il ne peint que ce qui y est écrit, come s'il ne faisoit que le Copier, par Example Adam, & Eve Innocens; Nöé endormi surpris de Vin, aussi-bien que Lot couché: David voyant Bétsabee, & teles autres Persones de meme, ou de diferant Sexe, n'en usant pas bien;

Cet

Cet Art criminel, Souillant les choses Saintes, & les Ames, aussi-bien que les Maisons, & leurs Sales, y rand tout Sale veritablement ; & y seme l'ordure en tous lieus, & à tous yeus. Les Pudiques en fremissent, les Impudiques en sont queque-fois honteus, & pour l'ordinaire randus impudans. Les Jeunes les voyent come Amnon Tamar ; les vieus come les Anciens vieillars Susanne ; & tous ceus qui les regardent avec convoitise, pechent come David jetant l'œil sur Betsabée du haut de son Promenoir. Quele erreur, de croire, que pource que ces Choses sont écrites, il les faille peindre ? Elles sont écrites pour les faire abominer, & l'on les peint pour les faire aimer. Les Jardins, les Chambres, & les Couches memes en sont pleines, & peut être de leur Imitation, & des Examples vifs, & vrais, aussi-bien que peints : On ne s'arrete pas là, on les grave ; & la Luxure en bosse frape bien plus qu'en plate peinture. Le Relief la releve, & la fait agir avec plus d'efort, & de vray-samblance, que quand elle n'est qu'en couleur. Voylà ce que produisent *la Peinture,*
& la

& la Sculpture apelées *des Arts Innocens*, quoy qu'eles peignent des Crimes, & faffent des Criminels.

Il n'eft rien de fi Comun chez les Riches que ces Chofes en Marbre, en Porfire, & en Tableaus ; l'Azur & l'or y eclatent en mille autres fortes d'Ornemans, dont les Cheminées les plus fumeufes & les plus noires font parées, & meme brillent. Les vafes de Porcelaine en bordent tous les Manteaus aufli-bien que ceus d'Argent ornent les Bufets, les Cabinets, & les Tables. Les Riches Tapifferies, où le fil d'or & d'argent releve celuy de foye, ou de laine, en reveftent les Murailles, & en couvrent la Laideur, ou la froideur. Les Povres de JESUS Chrift ne font pas fi bien vétus, & n'ont garde d'être fi bien étofez, que des Pavez memes, fur lequels roulent les Tapis de Turquie, & les beaus draps.

Dans ces Logis de Plaifance, en ces Palais, en ces Sales, en ces Chambre, que void on ? Qu'oit on ? Et que s'y fait-il ? y antand on parler de Dieu ? ouy, mais en jurant ? y oit on chanter fes loüanges ? Non, mais des Airs de Cour, des Chanfons Mondaines, &
de

de Lascives Amours. On y en voit meme pratiquer n'étant pas toutes Ocultes, & y en ayant d'efrontées. Le Bal s'y tient. La Comedie s'y jouë. Les Violons y resonent. Les Colations, & les Festins opulants s'y font, & tout s'y fait fors ce qui est Saint, & honéte.

Helas! qui diroit, que ce sont là des Maisons, & des Persones Chrétienes? Qui ne croiroit, que c'en sont des Profanes, & des Payenes? Et meme entre les Payenes, de celles d'Antoine & de Cleopatre? d'Herode & d'Herodiade? de Caligule, de Sardanapale, & d'autres Chefs de Luxe, de Luxure, & de Dissolution?

Que s'il ne faut pas oublier ancore icy les Berlans, les jeus, & les autres lieus Particuliers de Debauche, combien en trouvera-t'on en ce Tams parmi les Chrétiens, & dans les villes, qu'on croit les plus Reformeés? Il y a des Boutiques de jeus de Cartes, come il y en a de Librairie. On les manie en queques Maisons plus que la Bible, & souvant elles y sont avec elle sur une meme Table, ou dans un meme Cabinet.

De

par le Pastorat.

De ce Jeu, & des Autres vienent les Quereles; & suivent les Coups. Les Juremans, & les blasfemes horribles les acompaignent. l'Avarice les antretient. La Tromperie les fait reüssir : Le gain les fait aimer, & eus font perdre l'argent, le Tams, qui plus est l'ame; Elle & luy sur tout aus jours Saints, qui en restent Profanés.

Ils le font en ce Tams plus hardimant que jamais, non tant par des Actions Serviles, & Mercenaires, que par des Actions vicieuses & dissoluës. Non seulemant on ne les sanctifie point, par la Cessation des Mercenaires, & par un Chrétien Repos, mais on les Profane par une Juive Oisiveté, & par une Lache Faineantise, qui ne sert qu'à former de mauvais desseins, & qu'à antretenir en soy de mauvais desirs; Et qui pis est ancore on les passe à dormir haute heure, se lever tard, s'habiller vainemant, se friser, se farder, se poudrer, & s'ajuster, pour paroitre dans les Tamples, come en des Cours, ou des lieus de Teatre; & par dessus cela on les met, aprez queque heure de Predication, ou ou de Priere, l'une mal ouye, et l'autre mal faite ; à se divertir, se promener, baler, festiner, faire bone Chere, et sur tout frequanter le Cabaret, et le Jeu, ou l'on se jouë de la Loy de Dieu, qui dit *Souviens toi de Sanctifier le Jour de mon Saint Repos.*

Ce ne sont pas les Riches, qui s'y adonent. Les Povres s'y acoquinent, et en devienent Coquins. Ils s'y apourissent d'avantage sous pretexte de s'y enrichir. Ils y perdent jusqu'aus Outils de leurs boutiques, aprez y avoir perdu leurs habits. Les bagues de Nopces s'y angagent, ancore qu'elles ne soient plus à eus, mais à leurs Fames, ou à leurs Filles, dont le Sexe n'est pas souvant moins aspre au Jeu, que le Viril ; et parfois méme plus ardant, et plus amporté.

Il ne l'est pas moins à la Debauche, et sur tout à cele du vantre, et de la Chair. Il aime Venus, et le Vin, qui s'acordent toûjours bien ansamble, et sur tout en un Cœur, et en un Corps dissolu. La Colere ne luy est pas moins naturele, aussi le void on préque toûjours passioné, quand il ne retient pas ses mouvemans. Les Homes ne le
sont

font pas moins, que les Fames, d'où vienent tant de bruits dans les Maisons, & tant de Mes-intelligeances dans les Familles antre des Persones mariées, qui ne doivent estre qu'un. Entre Peres, Meres, & Anfans, qui devroient estre d'un méme Cœur, puis qu'ils font d'un méme Sang. Anfin antre Proches, & antre Amis, qu'on void pour un Rien devenir dans un momant Enemis, jusques au point de s'ofanser, de s'antre-batre, & méme de s'antre-tuër pour une Parole entre-jetée, pour une Ocasion legere survenuë, pour une petite médisance, ou pour une Ombre de mepris.

Toutes ces Choses sont Comunes aujourd'huy parmy les Chrétiens, & parmy ceus, qu'on croit méme les plus Chrétiens. Les autres vices ne le font pas moins, come sont la Manterie & le Larrecin; La Supercherie, & la Dissimulation; l'Envie, la Rancune, & le Faus raport; Le Jugemant temeraire, & la Medisance; Les Discours, & les Chansons deshonetes; l'Impatience, & le Courrous; La Fierté, la vanité, & la Pompe des habits;

habits ; Le Fard , & le vain ájuste-
mant ; l'Hipocrisie , & l'Indevotion ;
Enfin tous les vices & tous les excez,
qu'on a jamais veus dans les Payens.

J'en reserve Un pour le Dernier , à
cause qu'il samble aujourd'huy le plus
étandu , le plus Comun , & le plus
Grand. C'est *la Convoitise du Bien,*
que S. Jean nome *des yeus*, & l'Esprit
de l'Avarice, qui fait tant de Convoiteus. C'est le vice des Usuriers,
des Larrons, des Trompeurs, & de
tout le Monde : C'est *l'Execrable Mamon*, le Dieu de ce Siècle *l'Interet, le
Gain , l'Or, & l'Argent, & les Richesses* ; Qu'on Idolatre, qu'on adore,
& qu'on desire , cherche , & cherit
uniquemant. *Demon*, qui fait aujour-
d'huy Tout, fait faire Tout, & sans
qui on ne fait rien.

Or combien est il suivi ce Baäl ?
Combien est il haut eslevé , & adoré
ce Dagon ? non par les Filistins , ou
par les Juifs seulemant , mais par les
Chrétiens ? Et quequefois par ceus,
qui antr'eus doivent être les plus vrais
Adorateurs du vray Dieu, & les plus
detachez du Monde ? Cepandant ne
void on pas les Sacrificateurs & les
Levites,

Levites, come ceus de Dagon, & de Baäl, estre les Premiers à s'atacher au Culte de ce Mamon, Dieu des Richesses? Les desirer, & les aquerir avec plus d'ardeur & d'ampressemant, & les garder avec plus d'Avarice, & de Souci, que le Peuple?

Mais quoy? Tous en sont épris, & je trouve, qu'on a eu grande Raison, de nôtre Tams, de peindre un Demon, chargé de Sacs d'Or, & d'Argent & tout cousu, & couvert de bele Monoye, planté à la Cime d'une Pique, où au bout d'une Perche fort eslevée, come un But, & un beau Blanc, environé de Mousquétaires, d'Archers, de Tireurs de Pierre, & de Fronde, de tous côtés & de toute sorte de Sexes, d'ages, & de Conditions, tirans à luy pour l'abatre, & l'anlever, avec cete juste Inscription, ou Devise.

A ce diable d'argent tout le Monde luy tire.

Pource qu'en éfet c'est là, que la Passion Comune vise, & que Tous Petits, & Grands tachent de doner.

C'est pour cela, que les Charges soit Eclesiastiques, soit Politiques sont venales, ou briguées soit ouvertemant, soit en Cacheté. Car combien est il rare, qu'éles vienent à ceus, qui ne les recherchent pas ? Et combien peu meme sont elles donées gratuitemant au pur Merite, à la sufisance, à l'habileté, à la Sagesse, et ancore moins à la vertu ?

Or par ces Brigues, et par ces Cabales, combien se fait il de maus, et de grans maus ? Et combien en arrive-t'il aujourd'huy dans les Etats Chrétiens, et dans les Eglises ? On pousse à leurs Charges tantôt des violans, et temeraires ; tantôt des Ignorans, et des mal habiles. Les Mechans s'y fourrent, et en chassent preque les Bons, come les Barbares feroient des Bourgeois pris par eus avec leur ville. La Porte y est ouverte au vice, puis qu'éle l'est à la Brigue ; et quequefois à la faveur, et à la faveur des Fames, aussitôt qu'à cele des Homes, par qui il est moins honteus d'étre élevé.

Chacun void en suite ce qui en vient ; qui n'est rien moins que Corruption en la Justice, que vante de Droits, et de Parties ; Condescendance à tous Mecenas, et complaisance à toutes leurs Passions ; Service Aveugle, ou plutôt Servitude antiere à leurs desirs ;

firs ; Depandance abſoluë de leur Oeil, et de leurs Main ; et qui pis eſt, toute ſorte de Pechez, qu'il faut cometre aus ocaſions pour l'amour d'eus.

Que ſi pour parvenir, on pechetant, que ne fait on pour s'anrichir ? puiſque l'on n'aime guere l'honeur Guëus, & les Dignitez non plus, ſi elles ne ſont dorées. Ceus, qui n'y aſpirent pas, (quoyque preque Tout le Monde en veut, et Perſone en ce Tams ne les refuſe s'il eſt Povre, et ſi elles ſont Lucratives) ne laiſſent point par mile autres Moyens Criminels de tacher de s'anrichir ; l'un par la Tromperie, l'autre par l'uſure ; Celui-cy faiſant ancherir le blé, celuy-là queque autre danrée neceſſaire ; Le Négotiant prenant un Gain déméſuré ſur l'Ouvrier, l'Ouvrier luy faiſant auſſi une legere beſoigne ; Chacun viſant à ſe tromper, afin de ne ſe tromper pas en ſon deſſein d'étre Riche.

Mais ce ne ſeroit jamais fait, s'il faloit faire icy le Denombremant des Pechez du Monde, et meme du Monde Chrétien ? Il faut ſe contanter en General de l'apeler *un Criminel General, & un Pecheur univerſel,*

E 3   puiſ-

puisque S. Jaques apele bien la seule Langue Mauvaise, *une antiere université de maus.*

<small>Jaq. 3.</small>

En voilà bien (Mes Freres) en ce Coupable, qui en fait tant d'autres; & en ce Corps de Monde Chrétien Coupable, qui a tant de mambres Criminels. Qu'en faut-il donc conclurre, sinon, qu'il a grand besoin d'estre Reformé, & de guerir de ses maus ? Or il n'est aucunemant capable de le faire de luy meme, & laissé dans son Etat.

La Raison en est, Qu'il ne le veut gueres, & se garde bien de traverser ses Passions, & de mortifier ses Convoitises. Il se trouve trop bien de ses pratiques, pour s'en defaire; & de son Repos charnel, pour le troubler : C'est un Malade, qui aime son mal, & qui ne veut pas qu'on y touche. Sa Letargie luy agree, & d'ailleurs quand il voudroit bien guerir, il n'est pas en disposition de le faire sans estre aydé; mais il faut à ce *Paralitique de plus de Trante huit ans un Home*, & meme Plusieurs, qui le remuënt, & le jetent dans le Saint-Lavoir.

<small>Jean 5. v. 5.</small>

Mais (dira quequn) n'a-t'il pas la Bible?

par le Pastorat.

Bible? n'a-t'il pas les Sacremans? n'a-t'il pas le Ministere, et tant d'autres bons Moyens, et Remedes Excelans? Il est vray, Mais s'il n'en sçait pas user? mais s'il en abuse meme? Et si Tout cela luy torne à mal, et le laisse Andormi, Andurci, et Insansible en l'Etat auquel il est, & en la Maniere, dont il le prand? ne faut-il pas queque autre Chose, qui l'eveille, qui le pique, qui le ramolisse, ou qui le brise? Et qui luy fasse de Nouveau Ouvrir la bouche et les yeus, ou plutôt meme le Cœur?

Considerons un peu la Chose de prez, et Nous verrons, que nï Lecture, et ouye de Parole, en la fasson qu'elle est pratiquée, sans atantion, sans Onction, et sans Esprit de zele et de Grace pour la plus part; ni la Celebration des Jours Saints faite à la Juifve, & à la Payene par moitié, come l'on void en plusieurs lieus; ni celle meme de la Sainte Cene; & beaucoup moins l'Administration du Batême de l'Eau sans Esprit; du Coté des Temoins, ou Répondans; Ny enfin aucune Pratique d'Actes Exterieurs de Religion, de Prieres, de Junes, de Predications,

E 4

faite

faite ou prise par Coutume, & à la Letre, ne font rien pour tirer le Monde de sa Letargie, & de son Assoupissemant; & beaucoup moins pour le guerir des maus, ou cete Morne Pratique, & cete Letre tuante l'antrétient.

C'est un Nouvel *OEuvre OEuvré, ou Opus Operatum,* come l'on parle, introduit peu à peu parmy Nous, come receu depuis long-tams, & en des Choses plus Crimineles par d'autres que Nous. C'est un Amplâtre à couvrir la Playe, mais non pas à la guerir. C'est l'habit du Corps, ou le Corps meme, dont on a perdu l'Esprit. C'est une Couleur d'Iris, bele Aparance, beau samblant; mais où est l'Essanciel, & le Solide?

Au contraire qui ne void, Qu'on parle bien au Batéme, mais que presque Persone n'y écoute, & n'y est instruit? On y promet, & l'on y fait prometre bien des Choses; mais Qui tient? & qui antand meme bien ce qu'il promet? Qui se souvient ensuite de l'anseigner, ou de l'aprandre? Qui se souvient, come il faut, ou Pere, ou Anfant, d'avoir esté ou Parrain, ou Batisé? Beaucoup moins s'aquite-t'on des obli-

obligations, qu'on y contracte, & des Sermans, qu'on y fait?

On y promet de Renoncer à Soy, & au Monde, de mortifier fes Convoitifes & d'inftruire les Batifez à le faire? Et toute-fois les Parants, & les Parrains anfeignent ils ce Renoncemant, & cete Mortification d'Example & de Parole aus Batifez? Et les Batifez les metent ils en Pratique, n'en ayans pas la Teorie? Les memes prometent Tous par eus memes, ou par d'Autres eftans Tous Prefants, de vivre *en Chrétiens, & en devoües à Jesus Chrift*, & toutefois defiftent ils les uns de vivre en Mondains, ou en Payens? & les Autres ne fuivent ils pas leur Education, & leurs Examples? & en void on gueres, qui felon que Tous le prometent folannelemant, *dépouillent le Vieil Home avec fes Actes, & Revetent le Nouveau?*

On frequante bien la Sainte Cene, mais la fait on toûjours Saintemant? On ne manque point de l'indire à Tams, & d'en affigner les jours, quatre, ou Sis fois l'An, en queques lieus meme plus fouvant; & aus Tams prefix *le Pain*, *le Vin*, leurs vaiffeaus font

E 5   prets,

prets, les Tables couvertes de Linge bien net & blanc; & le Monde assamblé en foule pour Comuniquer; Mais à qui ? à Dieu, qu'on a ofansé, qu'on ofanse, & qu'on n'a pas ferme & vray Dessein de n'ofanser plus ? à JESUS Christ, qu'on a outragé, qu'on outrage, & qu'on vient ancore outrager en son Mistere, faisant Injure au Sacremant de son Corps, & de son Sang? A l'Eglise, que l'on a scandalisée, qu'on scandalise, & qu'on est pour scandaliser toûjours par une Mauvaise vie, & par une Recidive en toute sorte de pechez?

Tout cela est condanné dans les Predications, Instructions, & Catechismes; Il est vray: Mais qui s'en chatie, pour en étre condanné ? Qui devient meilleur pour l'ouyr dire ? Qui profite aujourd'huy de la Parole écrite, & dite? Veritablemant preque Persone ? aussi cause-t'on, quand elle se lit ; & s'endort-on, ou distrait-on quand on la dit. On parle plus haut que Dieu dans les Eglises, & souvant le bruit l'y fait taire, & la bouche de l'Home prevaut à sa vois.

Souvant aussi Tout se lit, & se dit

sans

sans santimant. Et pour ne pas Nous Innocenter Nous memes, acusans les Autres; Nous y pouvons parfois precher (come on dit) negligeamant, Prier par Coutume, exorter sans mouvemant, Reprandre sans zele, Instruire sans afection, & faire ce qui s'y doit faire, plutôt parce que nous le devons, que parce que Nous le voulons; anfin par maniere d'aquit, plutôt que par zele, & que par dessein de bien faire nos Devoirs.

Il n'est pas juste aussi (nous dit-on) que dans la Liste des Pecheurs, nous éfacions nôtre Nom y écrivans ceus des Autres: Et par effet si Nous somes Orgueilleus, & vains; Avaricieus, ou Chiches; Fiers, Rudes, & Imperieus; Envieus, Coleres, & vindicatifs; Fourbes, Manteurs, & Médisans; il est raisonable de nous acuser, & de nous metre au même rang, que nous metons ceus qui le sont; & qu'en qualité d'Homes, & de Chrétiens. Particuliers muables, & corrompus come les Autres, Nous ne fuyions pas un Temoignage Public; mais le donions à la Verité, quand elle l'exige de Nous.

Come

Come Pasteurs aussi, & en qualité d'Homes Publics, Nous ne debvons pas rejeter come des Mansonges, & des Calomnies, les Plaintes qu'on peut formér contre Nous; de Nous aquiter mal de Nos Devoirs Pastoraus; soit en Prechant negligeamant, soit en Priant sans Ardeur, ou zele; manquans à Instruire nos Brebis, & Nos Aigneaus; c'est à dire Grans & Petits en nos Eglises; ou à visiter les malades, & les Sains pour consoler les uns, regler les Autres; & doner à Tous la Pâture, que nous leur debvons, solide, tandre, & moëlleuse, selon que l'Ecriture, & les Misteres de Dieu, l'Etude Saint, la Meditation, & l'Onction nous la donent, pour la leur distribuër.

Et certes c'est bien icy, qu'il faut imiter les Saints Profetes David, Esaye, Daniel, & tous les Autres, qui dans leurs Confessions, & Confessions memes Publiques, ont joint leurs Pechez à ceus du Peuple, & se sont avoüez Pecheurs devant Dieu Saint. Suivant cela Nous Nous verrons Tous en meme Corps Criminel, Mambres coupables; & *passerons Tous* condannation de n'avoir pas seulemant besoin

besoin de Grace, mais d'Amandemant.
Voylà où il Nous faut venir, et où je viens aussi (mes Freres) Toute cete longue *Description de nos pechés*, non toutefois si grande qu'eus, ne tandant qu'à faire voir nos grands maus, pour en guerir, & trouver un moyen plus efectif, que les Comuns, au moins traitez comunemant: Je n'en voy point de meilleur que *le Dessein d'une Reformation universelle*, et que l'Aplication *du Pastorat à y travailler d'un Air extraordinaire*; reprenant zele, et Ferveur; Reprenant soin, et vigilance; Reprenant Autorité, Severité, et Liberté Sainte Euangelique; come je voy que vous faites, et debvez plus que jamais faire, convaincus en vos Consciances *du Besoin universel de Reformation en tous Etats*; Convaincus de vos Devoirs, et de vos obligations Pastorales; enfin Convaincus que vous ne pouvez ou manquer, ou retarder à le faire; que vous ne retardiez la Gloire de Dieu, le Regne de Jesus Christ, le bien de l'Eglise, la Sanctification du Monde, et la vôtre meme.

TROI-

TROISIEME CHEF.

La Necessité d'avoir, & de former le Dessein d'une Reformation Generale.

CE que Nous venons de voir *de la Corruption* universelle, sambleroit bien sufire à former le grand & juste Dessein d'une Reformation Universelle; Neamoins come *La Necessité de le former* & *de l'avoir*, est tout à fait Importante, & nous doit servir d'un pressant Motif à l'ambrasser, & à le metre en pratique; il me samble Necessaire de traiter, come *il est Necessaire sur tout en ce Tams de le former, de l'avoir, & de le proposer*, afin qu'il ne tiene pas à moi, qu'on ne s'angage à l'executer.

La Premiere Chose, qui prouve *Sa Necessité*, est cele que nous avons déduite assez au long dans tout le Chef Precedant *de la Corruption Universelle*, que nous avons veuë en tous les Estats, Sexes, Ages, Lieus, & presque Persones ; selon la Description, que Nous en venons de faire, & les visibles Preuves, que Nous en avons : car qui est
ce

ce de Nous, pour peu, je ne diray pas, de compassion Chrétiene, mais de Compassion humaine, que Nous ayons; qui voyant un Home blessé mortelemant de plusieurs Coups, et tout en son sang laissé demi-mort en Terre, n'y coure, et ne s'ampresse de le secourir, de l'essuyer, de l'amporter, ou faire amporter en Lieu, où il puisse estre pansé, et gueri, s'il se peut, de ses Blessures? Le Samaritain Euangelique, quoy que moins Pieus et Pitoyable aparamant, où obligé ce samble à l'être, que le Sacrificateur, et le Levite legal; voyant l'Home blessé en chemin par les voleurs, courut bien à luy, le releva, et le conduisit en un Logis, où il luy fit verser du Vin, et de l'huyle sur ses playes; et tira de l'argent pour payer l'Hôte, et fournir à tous les frais de sa Depanse, et de sa Cure; Et Nous Sacrificateurs Chrétiens, et Levites de la Grace, *Pasteurs, Ministres, Serviteurs de Jesus Christ, & Sacrificateurs par luy à Dieu son Pere*, n'aurions pas Pityé du Monde Chrétien, et ne Courrions pas à ce malade blessé à mort, et mourant de ses blessures?

Luc. 10. v. 33.

En

80 Reformation de l'Eglise

En Second lieu la Loy meme Ancienne oblige, que *quand on voit le Bœuf, ou l'Asne de son Prochain, & meme de son Enemi tombé dans un Fossé*, ou acravanté sous le poids de son fardeau ; On coure l'aider, luy préter la main, & qu'avec luy on les releve de la fosse, ou du Bourbier ; Et la Nouvelle par la bouche de JESUS Christ meme veut, que *quand ce seroit le propre Jour du Sabat*, on ne laisse pas perir sa Brebis dans la bouë, ou dans le lieu ou elle est tombée, ny son Asne, où autre siene Béte, quand elle y est Chuë ; Et les Pasteurs des Troupeaus de Dieu, & de JESUS Christ n'auroient pas pitié des Brebis de Dieu, & de JESUS Christ, tombées dans la Bouë des Pechez, & dans l'abyme des Corruptions du Siecle ? Ils ne s'eforceroient pas d'en tirèr leurs Brebis propres ? Et come JESUS disoit, *des Anfans, & des Filles d'Abraham*, & qui plus est du Dieu, & du Pere d'Abraham meme ? Certes leur Salut leur doit estre plus à cœur, & eus memes doivent avoir plus de cœur pour les aimer, & partant des piez aussi pour courre à eus, & à elles; &

Exod. 23.
Deut. 22.

Matt. 12.
v. 11.

des

des mains pour les tirer du Bourbier, & des Epaules memes, pour les porter en bons Bergers au Bercail.

En Troisiéme lieu, si quand, ou le Feu ambrase une ville, ou brule meme une Maison, il est necessaire d'y courir, & plus ancore de courir à l'eau pour l'Eteindre, & couper cours à l'Incendie, pour l'ampecher de ne reduire pas tout en cendres, & consumer Homes, & Toits: Si quand sur mer un vaisseau s'antrouvre, ou menasse de le faire, il faut vite le mener à bord, & pour le moins le radouber: Si meme quand un champ semé se herisse tout d'Epines, il demande, qu'on les arrache, & qu'il en soit debarassé ; combien plus demande le Champ du Monde Chrétien d'estre soulagé des ronces des vices? Le vaisseau de l'Eglise prenant Eau de tous costez, d'estre dechargé & radoubé ? & la Maison de Dieu, la Jerusalem Nouvelle, & la cité du grand Roy JESUS, secourüe en son grand Ambrasemant? Enfin il est necessaire de couper vite chemin à la Gangrene dans un corps où elle rampe; Hè combien plus dans celuy du Christianisme, où tout s'en va corrompu ?

F   Qua-

Quatriémemant, *la Necessité deprandre & de former le Dessein d'une generale Reformation*, se doit tirer, de ce que si l'on ne secourt pas vite par elle le Monde Chrétien, il va ampirer, & ne peut que devenir de jour en jour plus Malade, & plus gâté. On void que dez qu'un Corps comance à l'Etre, il continuë d'avantage à se corrompre, & à pourrir. La Playe mortelle, qu'on ne panse pas vite, & bien, s'agrandit, & s'anvenime tous les jours. A tout momant l'Ulcere, qu'on ne retranche point, gaigne le visage, & enfin le ronge tout. Le Feu, qu'on n'éteint point, brule la Maison antiere, & tout le Quartier, où il s'est pris. Dez qu'on tombe d'une Montaigne, ou d'un haut degré, on roule jusqu'en bas, & l'on se tuë, si l'on n'est pas areté: Enfin on meurt de la Maladie, qu'on ne combat point; & quand on est mort, il n'y a plus de reméde, qui pour agir doit trouver necessairemant un Corps vivant. Certes si l'on laisse faire l'Impieté & les Impies, la Profaneté, & les Profanes, l'Indiferance, & les Indiferans en matiere de Foy, & de Religion; Enfin le

Li-

Libertinage & les Libertins de ce Siecle ; que faut-il atandre qu'Atheïsme ? qu'oubli de Dieu, & qu'efaçemant antier de son souvenir, & de son Nom !

Si l'on ne s'opose point aus juremans vains, & aus jureurs ; aux Insolances, & aus Insolans dans les Lieus saints, & dans les autres : Si l'on n'ampéche point les Distractions, & les Distraits dans la loüange, & dans la Priere ; dans la lecture, & dans l'ouye de la Parole de Dieu ; & dans tous les autres Exercices Saints ; que verra-t'on dans les Tamples, dans les Sermons, & dans l'Administration meme des Sacremans, qu'Inadvertance, que legereté, qu'Immodestie ? Et qu'en doit-on atandre anfin, que parfait abus, & Sacrilege ?

Si l'on ne court guerir le Monde Chrétien, des Playes non seulemant de son Ignorance, mais de sa science vaine, & de sa Prudance de la Chair ; de son Orguevil, & de sa Pompe ; de son Avarice, & de ses Usures ; de son Comerce, ou Illicite, ou Trompeur ; de ses haines, ou de ses Envies ; de sa Gloutounie, de son Impureté & de son Intemperance en toutes manieres ;

que peut il devenir que Corrompu & dereglé tout à fait? que prostitué à tous vies, & de Monde faussemant Chrétien, vrayemant Pagen?

Apres cela le pourra-t'on Nomer *Chrétien*; & le regarder come un Monde, qui porte avec Justice le Nom *de Christ*, puis qu'il sant si peu sa Grace, & son onction? Ne le faudra-t'il pas plutôt prandre pour un Monde Nouveau de vieus sauvages tout-propres, & prets à se manger, & à comètre tous maus? Ancore s'en trouve-t'il aus Terres Neuves de plus Innossans, aussi-bien que des plus benins.

Il faudra tenir le Monde Chrétien pour Turc, qui est ancore pour le moins plus juste, & meme en sa façon plus craignant Dieu, & le respectant jusques au point de ne l'oser blasfemer. Il le faudra voir come un Mort pret à estre anseveli, n'est qu'on le jete come pourri sur un Fumier; & pour le moins qu'on *le mete hors* (ainsi que dit l'Euangile) *come un Sel, qui a perdu sa saveur, & qui est tout afadi*.

Matt. 5. v. 13.

Une Sisiéme Chose, qui prouve la Necessité d'avoir, & de former le Dessein d'une Reformation Generale du Corps

Corps Chrétien, est la Necessité qu'il y a pour luy de s'amander, ou de perir. Sur quoy il faut remarquer serieusemant, que la meme Chose se doit dire de l'Israël Nouveau, que de l'Ancien, auquel le Seigneur JESUS ne se contanta pas de témoigner, *Que ses dernieres Oeuvres seroient pires, que les Premieres*; mais ajouta ce terrible mot, *si vous ne vous Repantez, vous perirez*, Luc. 13. c'est à dire, si vous ne vous Amandez, v. 3, 5. & Reformez pas, vous estes perdus, vous estes dannez, & serez condannez de Dieu à des peines Tamporelles, & Eternelles, que metritent vos Pechez.

Voilà come il faut parler aussi à nôtre Israël Nouveau, au Monde Chrétien, qu'il faut exorter à une vraye Repantance, & à un sincere Amandemant, c'est à dire en son vray sens, à une generale Reformation; mais à son défaut il luy faut dire, *Qu'il est pour Perir*, ce qui nous fait justemant former cete grande Maxime en deus petits mots; *Ou se Repantir, ou Perir*.

Il faut sans doute se resoudre, d'y voir le Christianisme Corrompu reduit, aussi-bien que le Judaïsme l'a esté.

esté. Est il plus Cher, que celuy, dont les Peres ont esté si Chers à Dieu? A-t'il plus que luy de Sauf-conduit, & de Sauvegarde en son Mauvais Train? A-t'il plus de promesse, d'étre conservé entier dans sa Corruption, & en certains Lieus de l'univers? Est-il moins dit pour luy par JESUS, & par Jean Batiste, *Que l'Arbre qui portera de mauvais fruits, & qui n'en faira pas meme de bons, sera coupé & jeté au Feu?* Et il est à remarquer, qu'il est-dit *Tout Arbre*, afin qu'Aucun ne croye en estre exanté? *Le Chrétien*, non plus que *le Juif*, & l'European non plus que l'Asiatique, ou l'Africain?

<small>Mat. 3.
v. 10, 7.
v. 10.</small>

Certes il est égalemant dit, Que *la Paille sera mise au Feu. Que les Faisseaus d'yvroye y seront jetez; & Que tous Poissons Mauvais, morts, & pourris seront mis hors, aussi-bien que ceus, qui n'ont point la Robe de Noces, & toutefois sont au festin.* Le Christianisme meme de l'Europe n'a pas dequoy s'asseurer, estant corrompu & Cheu, d'étre conservé en cete plus bele Partie du Monde, puis qu'il s'est perdu dans les deus Autres; & que l'Asie, & l'Afrique, qui sont bien plus Riches que l'Eu-

<small>Matt. 3.
v. 12, 13.
v. 30.
v. 48, 22.
v. 11.</small>

l'Europe, n'en ont en ce Siecle preque point, & pour le moins ne l'ont pas Pur. l'Oriant n'a plus d'Eglises, & le Soleil Levant n'en void plus, & passe tout cet Emisfere sans en éclairer. Se couchant il pourroit bien n'en voir gueres, & avec le Tams point du tout; Et nôtre Occidant en estre aussi vuide que nôtre Midy.

Il faut donc se hâter de le Rétablir, pour qu'il ne soit pas aboli antieremant; & luy meme par une Juste aprehansion de sa Ruïne, doit tâcher de se relever, & de reparer ses breches, pour prevenir sa totale cheute, ou plutôt son Ranversemant. En efet nous voyons, que Dieu l'ataque, & le serre meme de prez. Il le perce en divers lieus, & fait grande bréche en ses murailles. Il le sape meme à son pié, & come en ses Fondemans; & samble vouloir metre à bas tout l'Edifice, puis qu'il en ébranle les Piliers. Il en brule meme en queques lieus come le Toit, par tant de Feus, qu'il anvoye du Ciel, de la Terre, & de la Mer, où il l'alume par le moyen des Guerres si grand. Guerres antre Peuples Maritimes, qui se disent Tous du Ciel, & qui pourtant n'en ont pas antr'eus la Fille, qui est la Paix.

A quoy tandent tous ces Fleaus de Dieu sur ses Peuples, & sa Maison? Que veulent dire ces Dissipations de Pasteurs, & de Troupeaus? Ces Demolitions de Tamples, ces Interdictions de leurs usages, & de leur Amploy, & ces Raclemant de Religion en tant d'androits? Si non faire justemant aprehander, Que Dieu Irrité par nos Pechez, ne veuille Nous metre à l'Interdit? Nous proscrire aussi, & nous Chasser des Places que nous tenons mal; des lieus que nous Corrompons, & d'une Terre, dont nous meritons d'estre raclez? N'avons nous point Sujet de craindre, qu'une Demolition n'en marque une Autre, & que cele des Eglises Materieles ne figure cele des Morales, déja détruites en leurs Mœurs plus qu'en leurs Murs, & mises bas plus par les vices, et par les Mauvaises œuvres des propres mains de ses Anfans, que par celes de leurs Enemis.

Certes si l'Europe Chrétiene continuë en ses Pechez, il y a danger, qu'elle ne change bien-tôt de Face, et
de

de Foy. Que l'Euangile qui est venu de l'Asie, n'y retorne, et ne r'antre en ses premiers Biens. Qu'il ne passe nos Terres, et nos Mers, pour en voir d'autres ; et ne nous enleve come le Soleil, toute Lumiere, et toute Chaleur en s'en alant. l'Occidant pourroit bien devenir si tenebreus, et le Septantrion si froid, que l'Oriant, et le Midi en deviendroient plus éclairez, et plus chaleureus ; et nous plus obscurs, et plus glacez.

O que Chaque Eglise en ce Tams a juste Sujet d'aprehander les Menasses, aussi-bien que les Reproches faites par JESUS meme en l'Apocalipse, en ces Mots, *J'ay queque Chose contre* — Apoc. 2. *Toi. C'est que tu as laissé ta Premiere* v. 4, 5. *Charité. Voy d'où tu es cheu, Reprans zele, & te Repans, autremant je viendray à toy bien-tôt, & je remuërai ton Chandelier de sa Place!* Come aussi Celes, qu'il fait à Jerusalem en l'Euangile, *O si tu eusses conu le Tams de ta vi-* Luc. 19. *sitation, & ce qui est de ton bien, & de* v. 42. *ton salut! Mais voicy ta Demeure sera* Matt. 23. *deserte; Le Regne de Dieu te sera osté,* v. 38. *& sera doné à des Gens, qui en profiteront mieus que Toy.*

De fait ne voyons Nous pas, qu'il se fait de teles Transplantations, & qu'il se Plante au Nouveau Monde des Eglises si florissantes en Pieté, aussi-bien qu'en foy, & si pures dans les Mœurs, aussi-bien qu'en la Doctrine; Qu'il y a Sujet de craindre, que Dieu ne laisse les vieilles; qu'il ne fasse à Jerusalem, ce qu'il a fait Silo, & que Toute sorte d'Anges ne disent, come ces Autres, *Alons Nous en hors d'icy*.

Tout cela prouve *la Necessité, qu'il y a d'avoir, & de Former le Dessein d'une Reformation Generale, de peur d'une Destruction Generale*; & pour le moins de queque grand Dechet Exterieur du Monde Chrétien, répondant à son Dechet Interieur; & propre meme à le punir, come il le merite bien. Les Simptomes, qu'il soufre, en sont des marques, & les Avancoureurs de plus grans Maus: Neamoins si Nous voulons prevenir les Uns, & guerir des Autres par le Remede, que nous proposons *d'une Generale Reformation*; Nous les pouvons tous eviter, voyans sur tout, que Dieu nous en done le Tams, & les Moyens; & qui plus est, témoigne vouloir *cete Reformation* meme;

ce qui nous est un grand & dernier Motif à nous obliger, non seulemant d'en avoir, mais d'en efectuer le Dessein.

C'est où en Septiéme lieu, j'ay bien plaisir de venir, (Mes Freres) pour vous decouvrir ce que je panse, & non pas moy Seul, mais Plusieurs meme de vous, & d'autres Gens de Bien, aussi ramplis de Lumiere, que de Feu; & doüés d'autant d'habileté, & de Sagesse, que de zele, & de ferveur.

Ils croyent ne se point tromper, ny Moy avec eus aussi, Qu'en ce Tams Dieu *panse* (ainsi que dit l'Ecriture) *des pansées de Paix pour son Peuple; & que les Jours ne sont pas fort éloignez de luy faire misericorde, & de le Rétablir antieremant.* Nous traitons ces Points ailleurs, c'est pour quoy Nous n'avons garde de nous arréter à les deduire, & à les prouver icy.

Seulemant en diray je queques bones Raisons, ou Conjectures, dont la Premiere come propre à fonder les autres, est fondée elle meme sur l'Ecriture, ainsi qu'elle en est tirée. Elle consiste en cete constante Promesse, & Asseurance, que Dieu done en General,

neral, *Qu'il ne veut pas la Mort du Pecheur, mais Sa Repantance & sa vie.* Hè combien plus cele du Monde Chrétien Universel, que cele d'un Home Particulier?

Elle est aussi fondée sur ce qu'en l'Ancien Testamant il apele sans cesse les Siens à Grace, & leur promet de ne les laisser pas tout à fait cheoir, ou Perir; mais leur tand la main & les bras, pour les relever de l'une, & les afermir de l'autre; les tirer, & les soutenir en meme Tams; & sur ce que son Dessein n'est pas en chatiant, de tuer, mais de corriger, *& puis de guerir dans peu de jours, & sur tout dans le Troisieme* auquel nous fomes Venus.

Ancóre sur ce que plus expressemant en l'Aliance Nouvele, il promet *Lieu de Repantance, & en done le Moyen* & JESUS meme témoigne, *qu'il y apele, & y atand les Pecheurs*; & en l'Apocalipse *done Tams à toutes Eglises Dechuës de se relever,* & de reprandre le zele, & le bon Train, qu'elles n'ont plus, ou qu'éles ont au moins laissé.

La Seconde Preuve ou Raison, fondée sur la meme Parole de Dieu, & sur la Pratique ordinaire, ainsi que
l'Ecri-

l'Ecriture en temoigne, est, Que quand il doit, selon qu'il veut, se Manifester un peu extraordinairemant au Monde, & sur tout à son Monde, ou Israël, il le prepare à ce Bien, & par la Repantance, & par la Foy, le dispose à recevoir sa Grace en Tams oportun, & à profiter de sa venuë, & de sa Manifestation. C'est ainsi qu'il Prepara l'Ancien Peuple à son Aparition sur Sinaï, & au Don de sa Loy le Jour de la Premiere, & plus Anciene Pantecote; Lors qu'il ramplit de sa Gloire, le Tample de Salomon, & depuis, quand il voulut le tirer de la captivité de Babilone, selon que les Saints Homes de Dieu Nehemie, & Esdras l'y preparerent : Mais beaucoup plus parut Cela Lors, que Dieu vint en la Persone de Jesus Christ & du Messie, lequel des Tams de Repantance, & de Grace precederent, pour preparer le Monde à recevoir la plus Grande des Graces en luy; puis qu'il *en est la Plenitude, & qu'on la puise de luy.* Jean 1.

Si donc il y a des Marques, *Que le Regne de Dieu s'aproche*, & si l'on peut panser, & Dire avec Raison, que nos Tams ne sont pas éloignez de ceus de

ce

ce grand & dernier Bien ; et de cete Manifestation Divine, Manifestation de Puissance, & de vertu; de Grace, & de Jugemant, come il est aisé de le Prouver ; n'an a-t'on pas aussi d'Esperer un assés considerable de Misericorde signalée, qui nous Reforme pour nous y former, et nous dispose come il apartient, à un Bien si Excelant ?

Le Troisiéme est la Maxime assez Comune, & non moins bone, pour étre Ordinaire, *Que c'est dans l'Extremité, que Dieu vient ; & quand on est desesperé, qu'il arrive. Que sa Coutume est de rebastir, quand Tout se ruine, & alors que l'home ne peut rien faire, qu'il fait Tout.* Ainsi vint-il délivrer Sara des mains d'Abimelec, & Isaac son Fils de celes de son Pere, à l'Extremité. Ainsi secourut il Jacob contre son Frere, & contre son Beau-Pere, justemant au Tams, qu'il n'en pouvoit plus. Ainsi tira-t'il de prison Josef, & tout Israël de Servitude ; Anfin Tout le Monde Eleu des Fers du Diable, quand ils ne pouvoient avoir d'autre Ressource que luy, & que Nule autre main, que la Siene ne les pouvoit delivrer,

vrer. Or come à presant les Choses sont reduites à l'Extremité, & que le Desordre est venu si grand, qu'à peine peut il plus croitre; il y a bien de l'Aparance, que Dieu est sur le point d'y metre Ordre, & de l'amoindrir. Que pour cet efet il panse à le resserrer dans les Limites d'une Etroite Reformation, qui luy serve d'une heureuse chaine, & ne le borne pas seulemant; mais le Corrige, c'est à dire *le Regle* en le Reformant.

La Quatriéme Raison, ou Preuve est, Que l'Ecriture prometant *de Nouveaus Cieus*, promet *une Nouvele Terre, où la Justice, & la Sainteté habite*, à la place sans doute de l'Injustice, & du Peché, qui n'a fait que l'anvieillir. En la Corrompant ils l'a usée, & par meme moyen randuë vieille & come prete à perir; Mais *la Sainteté & la Justice* la doivent *Renouveler*, & la faire Rajeunir. Or Cela ne se fait point sans *Reformation* & Repantance; à laquele S. Paul atribuë la vertu d'un vray Renouvelemant.

Esai 6, 66.

Ebr. 6.

Il an déduit en divers Lieus les deus Parties, qui consistent dans le Depouillemant du vieil Home; & dans le Re-

Reveſtémant du Nouveau ; et partant en une antiere *Reformation*, qui tend à doner ſuivant ſon Nom *une Nouvele Forme* à toutes Choſes, et ſur tout au Cœur humain. Dieu *le crea Noûveau* en David, quand le Sien s'anvieillit, ayant peché. *Il done celuy de Chair, quand il oſté celuy de Pierre,* quand on eſt une pierre Eluë, et propre à ſe ramolir.

 La Cinquiéme eſt, Que les Homes de Dieu en ce Tams ont ce Deſſein; ce qui marque que Dieu le leur fait avoir : Car come voulant delivrer ſon Ancien peuple, il en fit naitre le panſée à Tous ſes Liberateurs, ainſi qu'il paroit en tous Eus du Premier juſqu'au dernier, et de Moyſe juſques à Zorobabel; & meme de ce qu'à preſant il fait, que ſes Saints deſirent cete Reformation ; et ne la deſirent pas ſeulemant, mais la deſſeignent, et en eus memes en meditent les moyens; ce n'eſt pas une Marque mepriſable, que luy meme la conſſoit, et la leur fait concevoir.

 La Siſiéme, et la Derniere eſt, Que Pluſieurs Gens de Bien, non ſeulemant la ſouhaitent, mais l'aſſeurent; et

en

en sont come un Article de leur Esperance particuliere en l'Atandant, aussi-bien qu'un Article de leur Foy particuliere en la Croyant. Ce n'est pas, qu'on doive faire grand Etat, et bien moins Apuy, et Fond des Lumieres Particulieres, et des Santimans qu'on a dans Soy, qui ne sont pas Autorisez du Seau Public de la Parole de Dieu; mais pourtant, quand bien loin de la choquer, ou d'en étre ranversez eus memes, ils s'y Joignent, aussi-bien qu'ils s'y soumetent; Ils ne sont pas à rejeter etans probables, et venans memes de Gens aussi sansez, que Pieus, et Croyables pour leur Grace, et leur vertu, aussi-bien que pour leur Sagesse, et leur Savoir.

Or il est Constant, qu'en divers Lieus un tres-grand Nombre de Persones aussi considerées, et Savantes, que Considerables, et que Saintes, sans Collusion neamoins, et sans Dessein concerté, s'acordent dans la Pansée, qu'on est proche d'un Grand Renouvelemant; et qu'il faut se preparer à le voir, et non seulemant à le voir, mais ancore à l'avancer.

Si le Ciel a ce Dessein, ne faut-il pas
que

que la Terre s'y conforme ? Que l'un l'ayant pris, l'Autre le prene, & que come un Profete dit, Que *les Saisons se repondent le Vin, au Blé, & la vandange à la Moisson*; ainsi les Cœurs des Homes Elus répondent à celuy de Dieu, & que sur tout *ses Ministres, & ses Serviteurs Bons & Fideles*, qui sont les Pasteurs, s'aprétent à travailler, & à faire ce que leur Maitre, & leur Seigneur leur fait vouloir, & leur marque meme qu'il veut.

Voilà *le Dessein, qu'il faut former, & avoir touchant une Reformation Generale*. Voilà come Dieu meme y pansant, les Homes de Dieu y doivent panser; prandre dez maintenant leurs mesures, & preparer les materiaus d'un Bâtimant si Important; à peu prés come David & Salomon preparerent ceus de l'Ancien Tample; soit qu'ils le doivent bâtir eus memes de leur propres mains, soit qu'ils le doivent bâtir par celes de leurs Successeurs.

QUA-

QUATRIEME CHEF.

L'Obligation Generale du Pastorat à Travailler à une Reformation Generale, & le Desir, qu'en ont les Troupeaus.

CE Dernier Mot, que je viens de vous dire (Mes Freres) en finissant le Precedant Chef, m'introduit dans le Presant; que je n'ai garde d'oublier, ou de manquer à y antrer bien volontiers, puis qu'il concerne la Foy, Nôtre Etat, & nôtre Bien. C'est celuy *de la Generale Obligation, que Nous avons de Travailler à cete Generale Reformation*, dont nous parlons; par beaucoup de Motifs Divins, qui nous en pressent; & entre les Humains, du plus Cher de Tous, qui est le *Desir*, qu'ont les Troupeaus, que les Pasteurs antreprenent ce grand OEuvre; & qu'il ne tiene pas à eus, qu'il ne Comance, pour n'avoir jamais de Fin, quoy qu'il ait selon leur souhait son Achevemant.

Quant au Premier de ces deus Points, Persone, qui sçait tant soit peu, ce que c'est que le *Pastorat*, & le

Miniſtere Saint, n'ignore auſſi en Premier Lieu, que c'eſt d'une part la Charge qui oblige à Servir Dieu, & l'Egliſe; puis qu'il s'apéle *Miniſtere*, & que c'eſt *du Service*, qu'il prand ſon Nom : Et de l'Autre auſſi, qu'elle exige, que qui la poſſede, *paiſſe & conduiſe un Troupeau* ; & prene ſoin de le tenir en bon Etat le traitant bien.

Tout cela viſiblemant amporte Obligation *à ramener les brebis de tout Ecart, les panſer Malades, & les garder deperir*, come Dieu meme l'Explique; Or n'eſt ce pas *Reformer un Peuple*, que le ramener du vice, à la vertu? auſſi-bien qu'on eſt d'acord, que *le ramener de l'Erreur à la verité, a eſté le Reformer*. Pareillemant n'eſt ce pas le bien *panſer de ſes bleſſures*, que *le guerir de ſes Pechez*, qui en ſont Tous des Mortelles ; qui acheveroient de le tuër, ſi les Paſteurs ne l'en gueriſſoient?

C'eſt auſſi *Servir bien Dieu*, qu'ampecher *le Regne* du Diable. C'eſt randre un grand Service à l'Egliſe, que la tirer de la bouë, & l'ampecher d'y perir. C'eſt bien la Servir, que la Sauver

ver de l'eau, du feu; & l'ampecher de se noyer, ou de bruler: Or c'est ce que fait, & ce que doit faire, & produire la Reformation dont nous parlons; & par consequant aussi *les Pasteurs, vrais Serviteurs, & vrais Ministres de Dieu, de* JESUS *Christ & de l'Eglise*, les doivent Servir en cela Soigneusemant.

En Second Lieu, Qui ne sçait, pour peu qu'il sache l'Ecriture, Que *la vocation Pastorale* porte, qu'on est Apelé pour *précher la Foy, & la Repantance? Pour Arracher, & pour planter? Pour détruire, pour bâtir? Pour dire à Jacob ses forfaits, & à Israël ses Iniquitez? Pour faire pleurer come Samuel le Peuple en Mispa? Pour le faire aler droit come Elie? Pour Abaisser ce qui est haut, & relever ce qui est bas, & publier come Jean,* JESUS *Christ, & les Apôtres l'Amandemant, & l'Aproche du Regne de Dieu!* Or tout cela n'est-il pas vaquer *à la Reformation du Monde?* & partant le Pastorat apelé à faire ces Choses, n'est-il pas obligé d'y travailler, & de s'y atacher sous peine de n'abandoner pas sa vocation?

En Troisiéme Lieu, n'est-il pas vray,

Mat. 3 & 4. Act. 2. v. 38.
Ier. 1. v. 10.
I Sam. 7. v. 8, 9.
Luc. 3. v. 4.

vray, Que toutes les fois que Dieu a voulu Reformer son Peuple, il s'est toûjours servi *des Pasteurs bien Apelez à cete OEuvre*? & qu'il a ou trouvez Tels, ou faits Tels, quand il a voulu faire Israël Saint? En efet Aaron ne fut-il pas pour cela joint à Moyse, aussi-bien que les Sacrificateurs à Josuë? Sadoc ne le fut-il pas à David? Asaria, à Ezechias? à Josias Helkija, Esdras & Nehemie à Zorobabel? Jean Batiste à JESUS Christ? Et des Levites Convertis, à Pierre, à Paul, & aus autres Saints Apôtres, dont l'OEuvre Apostolique fut de Reformer Juifs, & Gentils, & enfin tout l'univers?

Cela estant, Dieu sera-t'il pour changer aus derniers Jours de Moyens, & de Conduite? Ne se servira-t'il point d'Organes, & d'Iustrumans aucunemant samblables à ceus des Premiers? Et rejetera-t'il du batimant de sa Maison des Maitresses Pierres, qui en doivent joindre les Coins, & meme faire les Piliers? Non. Non: Il doit sans doute suivant les Profetes Anciens & Nouveaus doner *des Elies, &*

Mal. 4.
v. 1.
v. 17.

des Jeans, qui fassent descendre le Cœur des Peres aus Anfans, & remonter le Cœur

Cœur des Anfans Peres ? Il doit fusciter de l'Eglife des Temoins, qui non feulemant pleins de Lumiere, découvrent la Béte & fes Erreurs, mais qui couverts de Sacs noirs découvrent à un Monde brutal fes Pechez, & luy Prechent la Repantance. Il faut qu'il y ait *des vois*, qui crient, que *Babilone* doit tomber, & avertiffent les Eleus de fortir d'elle, & d'eviter fes Pechez, afin d'eviter fes peines? Enfin ce feront *des Anges*, & par confequant auffi des Pafteurs, qui amboucheront les Trompetes, & qui les fonans feront tomber la derniere Jerico.

Apoc. 11.
Apoc. 14
& 16.

C'eft donc au Paftorat, qui peut, avec queque Raifon fe prandre pour le Dernier, de voir s'il n'eft pas obligé an ces Derniers Tams, de travailler *à une Reformation*, qu'on peut auffi croire *Derniere*; & s'il prand queque part à l'Avantage *des vois*, *des Trompetes*, *& des Anges* marquez en l'Apocalipfe ; C'eft à luy fans doute à fervir à fon Acompliffemant, & ne fe trouver pas Coupable de s'étre teu, & tenu Coy, parmi les bruits des Tonerres, qui doivent retantir par tout, & parmy des Remuemans

mans qui doivent remuer tout l'univers.

En Quatriéme Lieu, Qui ne sçait, que *la Charge Pastorale* vraymant Charge les Pasteurs des Ames, du pesant fardeau des Peuples, que Dieu met sur les Epaules ; & qui leur pese bien autant, que pesoit tout Israël à Moyse, qui pour fort qu'il fut, se plaignoit, *Qu'il ne le pouvoit porter?* Le Seigneur ne dit-il point par ses Profetes luy meme, Qu'il les a Etablis *Pasteurs, & Guétes*, pour d'une part veiller sur les Ames & les avertir de leurs dangers ; & de l'autre prandre soin de la Cure de leurs maus?

Ezai. 56 & 52.
Ezec. 33. v. 6, 7. & 3. v. 17.

Ne leur a-t'il pas meme dit, *Que si elles perissoient aucunemant par leur faute, il leur en feroit randre un exact Compte? Et redemanderoit de leurs mains leur Sang, come si eus memes l'avoient épanché?* Que leur Negligeance leur seroit Imputée à Meurtre, & leur lacheté à trahison? S. Paul *Pasteur Apostolique, & vray Ministre, ou Serviteur de Dieu, & de* JESUS CHRIST, n'a-t'il pas dit hautemant, non pour soy seul, mais pour *tous Pasteurs & Ministres Ordinaires, Qu'ils veilloient*

Ezech. 3. v. 18.

come

par le Pastorat.

côme débvans randre Compte à Dieu des Ames, léqueles estant ses Images, le Prix du Sang de son Fils, les Tamples du S. Esprit, & créés d'eus Immorteles, randent dautant plus Coupables, ceus qui les gardent, & à qui Dieu les a donées à garder. Que si elles se gâtent, se perdent, ou se profanent par leur faute; ils sont Criminels d'avoir méconu des Traits Divins, méprisé le Sang de l'Aliance, Profané des Lieus Saintz, & ensuite fait un Crime Mortel, & Immortel tout ansamble, ayans negligé de Procurer à des Ames Immorteles la Corone, & le Salut Immortel.

En Cinquiéme Lieu, Tous Ceus, qui voyent dans les Saints Profetes, combien Dieu menasse *les Pasteurs Laches*, qui ne font pas leur Devoir; & chatie seuremant Ceus, qui d'antre ses Eleus memes, ne s'en aquitent pas bien; ne sont ils pas convaincus, Que sur tout *au Tams des Grandes Corruptions*, ils doivent avoir un tres-grand soin de leurs brebis? *Medicinans les Malades, fomantans les Langoureuses, ranforssans les foibles, & ampechans les fortes ou Saines d'errer, ou se faire mal.* Ezech. 34. v. 4.

Leur Negligeance en ces Points est si Coupable, que Dieu Irrité contr'eus, leur dit, *J'en ay à vous, Pasteurs de Neant, Pasteurs Idoles, Qui vous Paissez vous memes, non mes Troupeaus. Qui tuez mes brebis, & mes Aigneaus, & vous angraissez de leur Chair: voici vous serez frapez, vous seres Epars, & je vous chasseray de devant ma Face. Hurlez pour les Maus, que je vous ferai, puis que vous ne hurlez pas pour Ceus, que vous avez faits.*

Ezec. 34.
Jer. 23. v. 1.

Voylà queques Paroles de Dieu contre *les Pasteurs Laches*, & voici quequ'un de ses Coups. Voyez Heli le grand Sacrificateur; il meurt d'une mort subite, pour avoir esté tardif à Reformer ses Anfans. Voyez Jonaz, il est jeté par un Ordre Divin en la Mer, pour avoir fuy certaine Terre. Voyez en d'autres repris come Aaron par Moyse d'avoir connivé à *l'Idolatrie, aus Festins, & aus danses d'Israël.* Mais sur tout oyez JESUS en l'Apocalipse tonant contre les Anges des Eglises, qui n'y font pas leur devoir.

1 Sam.
Ion. 1.
Exod. 23.
Apoc. 1.

Dans l'Euangile méme, il done assez à conoitre sous les Paraboles des

Matt-

Mauvais Serviteurs, & *vignerons*, Qu'il les faira *maſſacrer*, *depoüiller de leurs Talans*, & *Jeter piez & poings liez dans les tenebres du Dehors*, où il n'y aura que *Pleur*, & que *Grincemant des Dants*, pour ce qu'ils auront abuſé de ſa Bonté, & de ſes dons, mal fait leurs Charges, & mal ménagé, & gouverné ſes Maiſons.

Matt.21. v.41.
Matt.25. v.31.

C'eſt les ruïner, que les laiſſer aler en Ruïne. C'eſt les Ranverſer, que ne les pas Rétablir. C'eſt y metre tout ſans Deſſus deſſous, qu'y laiſſer tout en Deſordre, & ſoufrir que le Diable, que le Monde, & que le Peché y regnent. Or à qui eſt-ce de les chaſſer qu'au Paſtorat, qui a le Bâton Paſtoral, & la Houlete en la main? Qui doit s'oppoſer à Satan que Jehoſcuah Sacrificateur, & ceus qui le ſont du vray JESUS? Qui doit condanner *le Monde & ſes Convoitiſes*, que les bien aimez Diſciples? Et par conſequant les reprimer & de bouche, & par écrit avec eus?

En Siſiéme & Dernier Lieu ce qui doit bien *Obliger les Paſteurs à travailler à cete Reformation*, eſt, que s'ils n'y metent pas la Main, il ne ſe trouvera

vera Persone qui l'y Mete ; Et qui avance la Siene à faire une Oeuvre, à laquele les Pasteurs doivent les Premiers metre la leur. En efet Premieremant, ils doivent doner ce bon Example, & paroitre les Premiers, Reformateurs, aussi bien que Reformez.

Deusiememant, ce leur seroit une Chose bien honteuse, & Reprochable, Que d'Autres leur fissent honte, & les devançassent en un dessein, où ils les doivent prevenir. Qu'il parut, que des Gens, qui ne seroient point Pasteurs, ou Censez Tels, n'estans pas de l'Ordre, & Rang Pastoral, ou meme de l'Eclesiastique, eussent plus de soin des Eglises qu'eux, & montrassent plus de zele pour leur Bien.

Troisiémemant, Atandroient ils, que Dieu Suscitat des Gens d'un autre Vacation, ou Vocation, pour faire la leur ? & que come Jadis *Debora* regla l'Ancien Israël, & come *Judit* l'ancouragea, & meme *Esther* le fit Juner; ou plutôt, Que come dans le Nouveau Dieu Suscita un *Valde*, & des Gens aussi Layques que luy, pour Reformer les Troupeaus Chrétiens ; & qui plus est leurs *Pasteurs* ; De meme

en

en nos Jours, où il y a tant de Doctrine, & tant de Docteurs ; tant de Ministres habiles, & de Ministere, qui fait bruit ; Il falut, que Dieu les laissat, pour prandre d'autres *Ministres*, c'est à dire d'autres Serviteurs ; & fit par des Etrangers aucunemant, ce que des Domestiques devroient faire ?

En Quatriéme Lieu, si les Pasteurs ne Reforment pas le Monde, qui le faira ? ou qui est-ce, qui le voudra, ou pourra faire ? un Artisan, un Marchand, un Avocat l'antreprandra il ? Cela depand il de son Code, de son Aune, ou de ses Outils ? Un Medecin des Corps se melera-t'il aussi de guerir les Ames ? & sera ce un Humaniste, ou un Filosofe, plus propre à randre l'Eglise humaine, & Ergoteuse, que Chrétiene, & que Simple en Foy ; qui reduira le Monde à la Conclusion d'une publique Repantance & *d'un General Amandemant* ?

Certes il n'y a nule Aparance, que cela soit : mais come c'est à chacun de s'adoner à son Metier, & à faire *sa Vacation*, aussi-bien qu'à suivre *sa Vocation* ; C'est *au Pastorat* sans doute à faire & suivre la Siene, & selon elle

tra-

travailler à son Metier ; qui est selon l'Ecriture d'estre *Architecté*, & *batir la Maison de Dieu* ; d'Estre *Pescheur d'Homes*, & *trier les bons paissons, les separant des Mauvais* ; d'Estre *Ouvrier*, & *Serviteur*, & faire l'OEuvre de Dieu, & vaquer à son service, & par consequant aussi *Detruire l'OEuvre du Diable*, & *Ranverser son Batimant* ; ce qui est *Reformer le Monde Difformé*, & redoner au Chrétien la Forme, qu'il doit avoir.

1 Cor. 3. v. 10.
Matt. 4. v. 19. 13. v. 48.
2 Tim. 4. v. 5.

Entre Ceus, qui come Mambres Puissans, & Considerables des Eglises, peuvent humainemant parlant, le plus & le mieus comancer, ou avancer cete grande OEuvre ; sans doute sont les Princes, & les Magistrats : Et par efet Dieu s'est souvant servi d'eus pour ouvrir, & pour acheminer le Dessein d'une Grande Réformation en l'Ancien Israël, ainsi que les Examples de *Josué*, de *David*, d'*Ezechias*, de *Josias* & de *Nehemie* le témoignent ; Mais d'une part il faut trouver de tels Princes, & avoir de son Coté de samblables Souverains ; Et de l'autre meme ces Puissances peuvent bien proposer, concerter, & apuyer un tel Dessein ;
Mais

Mais eus memes pourront ils l'executer, ou l'acomplir? Instruire, exorter, & precher publiquement? Prandront ils l'Ancensoir antre les mains? Voudront ils toucher à l'Arche? Et joindre à leur Sceptre la Houlete, & à leur Corone de Roy, la Tiare de Grand, ou de petit Sacrificateur?

Il faut toûjours (ainsi que nous l'avons marqué) qu'*Aaron* joigne *Moyse*, *Sadoc David*, *Azaria Ezechias*, *Helkya Josias*, *Esdras Zorobabel*, *& Nehemie*; & que *les deus mains*, c'est à dire *l'Etat Eclesiastique & Politique* s'unissent pour faire cet OEuvre, & leurs bras pour la Soutenir.

Il faut meme, Que *le Pastorat* come *Episcopal* en soit *l'OEil Veillant*, & come *Apostolique*, ou *Profetique*, la Langue, suivant qu'il luy est dit, *Va parle, j'ay mis en toy mon Esprit, j'ay mis en toy mes Paroles. Di ce que je te diray. Celuy qui t'ecoute, m'écoute*. Et comant est-ce que l'on croira, si l'on n'oit pas?

D'Ailleurs l'Autorité estant déja Receuë & reconuë dans *le Pastorat*, & les Peuples Acoutumez à écouter & à croire des Pasteurs, il est visible qu'on qu'on est bien pour se randre plus volontiers à la vois Pastorale qu'à Toute Autre, que les Brebis n'oyent pas. On est déja soumis à elle, & l'on en craint moins l'Ampire, ou la Severité, que la Rigueur d'un Juge, ou l'Autorité d'un Magistrat. Par consequant c'est *aus Pasteurs à parler de Reformation* les Premiers, tant pour ce qu'elle est, ou doit estre leur Ordinaire Sujet; come parce qu'en efet le Discours en est mieus venu de leur bouche, que de toute Autre, qui n'est pas ou reconuë, ou cherie, come est la leur.

En Septiéme & Dernier Lieu, il n'est point de Gens dans les Eglises, qui ayent plus d'Interet que *les Pasteurs en leur Reformation*. Il leur Importe extrememant, Qu'elles soient en bon Etat, & en bon Ordre. Que l'Erreur, & le Vice n'y regnent point, & que la Profaneté l'Impieté, & l'Ireverance en soient banies. Que Dieu y soit conu, craint & Aimé. JESUS honoré, & Obey. La Charité, l'Humilité, & toutes les Vertus en vogue, les bonnes Oeuvres en Pratique, & enfin la Loy Divine observée, aussi bien

bien que son culte en tous leurs Points.

Certes *le Pastorat* est, & se trouve si engagé, & si Interessé en ces Choses, que non seulemant sa Gloire, mais son Plaisir en dépand; & pardessus cela meme l'Aquit de tous ses Devoirs; qu'il ne peut faire, s'il ne fait l'Oeuvre de Dieu, & ne sert antieremant à le faire bien servir.

Je finis par la Qualité, qu'ils ont, de Medecins Spirituels, laquelle d'elle meme les oblige à courre au Monde Malade, & à regarder les Eglises come de Mistiques Hopitaus, non tant de Povres, que de blessez; qui n'ont pas seulemant besoin de leur secours, mais le desirent, & atandent de leurs mains, *le Baume de Galaäd*, seul Propre à guerir leurs maus.

J'ay dit (Mes Freres) qu'ils *l'atandent*, pour Marquer non seulemant, qu'ils en ont besoin, mais qu'ils le desirent, & antr'eus memes sur tout les moins blessez, & les plus Sains, c'est à dire les plus Justes, & les plus Saints. C'est un Point, qui merite bien, que Nous le touchions, puis qu'il est un des Grands, *& des chers Motifs, qu'ait le*

H *Pasto-*

Pastorat pour antreprandre une Reformation, que les Troupeaus ne souhaitent pas seulemant, mais sont prets de recevoir.

 Vous seres sans doute bien aises (Mes Freres) que je Vous les mete devant les yeus, & en touche meme Vos Cœurs; C'est le Desir General, que j'ay trouvé en tous Lieus d'une generale Reformation; & la Disposition meme, que j'ay veuë, & que je vois, en toute sorte de Persones, d'âges, & de sexes en asses Grand Nombre, à gouter la Doctrine de la Repantance, les Predications de l'Amandemant, & non seulemant la Production d'une Amere Penitance, mais ancore de ses Fruits; & anfin un Renouvellemant d'Esprit de Grace, de Vie & de bones Mœurs, de Conduite & de Voyes propres à viure tout à fait Chrétienemant.

 C'est un beau Motif sans douté. C'est un Cher Sujet de s'exciter au travail. C'est un Grand Atrait à s'y metre, & à s'y apliquer antieremant. Mais est-il? (me Direz Vous) peut-on l'esperer? peut-on le croire? N'est ce point Vôtre Desir, qui Vous fait Imaginer celuy-là, Et que d'autres l'ont? En Verité le Monde Chrétien, mais
me-

méchant, & Corrompu come il est, a-t'il un si bon sentimant, & de si bones Dispositions, à devenir pur & bon? Les Cœurs desesperémant Malins peuvent ils faire esperer d'eus cete Bonté? & dans l'Insensibilité, où le Monde est si indiferant, & meme si endurci, qu'il paroit estre, est il ancore sansible à son Mal, & touché du sentimant de son bien?

Ouy, Ouy (Mes Freres) il reste ancore du soufle à ce Moribond, & de la Chaleur à ce Glacé. Il y a du feu en ce Lumignon fumant, du bon grain en ce Champ d'Yvroye, de bons Desirs en ce Malade; & quoy qu'il soit Paralalytique de plus de trante-huit ans, il montre pourtant vouloir guerir, estre jeté dans le Lavoir, atandre l'Ange & le Mouvemant de l'Eau, & desirer, que non Un, mais plusieurs Homes le jetent dans le Lavoir.

Je le puis dire, puis que je l'ay éprouvé; Et je puis en estre creu, non seulemant sur ma Parole, qui doit estre fidele estant Pastorable; mais sur mon Experiance assez longue, & ordinaire depuis bien du Tams; Qu'en verité il y a par tout du Monde, qui desire Gueri-

H 2

son, c'est à dire Reformation, non seulemant en soy meme & pour soy meme, mais ancore Generalemant par tout, & en tout le Christianisme. J'ay veu déja par la Providance de Dieu, plusieurs Lieus, plusieurs Provinces & meme plusieurs Etats, plusieurs Peuples, plusieurs Eglises, & plusieurs sortes de Persones; & je puis bien asseurer en Verité, & en bone Consciance, que j'ay trouvé par tout en plusieurs *ce bon Desir, & cete Disposition*.

En efet la chose parle d'ele meme, & le Monde s'en explique assez. Chacun dit, & Chacun se plaint, Que tout va de mal en pis. Il n'est Aucun, qui ne crie, *au Dereglemant & au Desordre*. Dans les Corps Eclesiastique, Politique, & Populaire, les Mambres disent, qu'on ne se porte pas bien. Que les Corps & les Mambres sont Malades. On crie contre Nous : Nous Crions contre les Autres. On Nous reproche, que Nous ne faisons pas nos Charges, & Nous reprochons aussi, que d'Autres ne font pas les leurs. Nous disons tous assez haut, que Nous avons Besoin *de Nous Reformer* ; mais nous ne disons pas assez bien, *Reformens Nous par le Pastorat.* 117

Nous; & pour le moins, Nous ne metons pas la Main à l'Oeuvre, & ne Nous Reformons pas.

Toute-fois, en 2.d Lieu, je Dis, Qu'il y en a qui le disent, & qui le disent meme tout de bon: Combien de *Bons Pasteurs*, qui en voyent le mieus la Necessité, d'asseurent le mieus aussi? Combien *de Zelez Anciens, & de Bons Conducteurs d'Eglises*, ne les trouvans pas assez bones, témoignent les vouloir meilleures? Combien *meme de Politiques, aussi bien de l'Etat du Ciel que de la Terre*? & Combien de *Magistrats Souverains, & subalternes*, remontrent, qu'on a *Besoin de se Reformer*, & publient meme qu'il le faut? combien *de ces Ministres*, ont ces Desirs, & les suggerent à d'autres? combien de Chefs de Famille demandent un Bon Reglemant de la Famille de Dieu? Et voudroient en estre reglez en Qualité, & de Peres, & d'Anfans? Combien *de Peuple*, & Riche, & Povre: & sçavant, & Ignorant; composé de tout âge & de tout Sexe, confesse, & crie le *Besoin de se Reformer*; & en meme Tams en demande aussi l'efet, par ses Prieres à Dieu, par ses Requétes aus

H 3 ho-

homes, & souvant par ses Larmes aus Pasteurs, aus Anciens, & au Gens, qu'il croit zelés.

Une autre Preuve *de ce Desir, & de cete Disposition* est l'Experiance de la Chose éprouvée par plusieurs, & come je le puis dire, par moymeme, en ce qu'il n'y a Lieu, où Dieu m'ait fait la Grace de precher *la Repantance & l'Amandemant*; La *Necessité de se Reformer, & de prandre un meilleur Train de Conduite, de Mœurs, & de vie*; Que je n'aye veu beaucoup de Persones prises de ce juste Santimant, desireuses de le suivre, *touchées de Repantance meme, & de propos d'Amandamant*; & prétes à dire, come les Soldats du Jordain, & les Troupes de la Pentecote, *Que ferons nous? Que nous faut-il faire?* Et je ne doute point, que si en meme Tams plusieurs Cœurs se fussent joints, plusieurs Vois se fussent unies, & plusieurs Mains se fussent amployées à meme Oeuvre, on n'eut veu de Grandes Conversions, & Changemans; & bien-tôt *l'Oeuvre de la Reformation* bien avancé?

Je ne doute point (Mes Freres) que Vous aussi n'ayes fait de vôtre Coté,

Matt. 3.
Act. 2.

la

la meme Experiance que moy dans les Lieus où Vous estes, & aves esté jusques icy; & que par la Grace de Dieu plusieurs Esprits n'ayent pris le Vôtre, ou plutôt Celuy de Christ; & que si Vous n'avez pas fait une Moisson Generale, au moins Vous en avez faite une particuliere asses Grande, & avez receüilli çà & là pour le moins de Bons Epis. Que si en meme Tams *Toute la puissance Eclesiastique & Politique* se fut jointe, & que *Moyse & Aaron* come Freres se fussent bien unis & ambrassez; & eussent parlé par concert d'un ememe bouche, & agi d'une meme Main; qui doute que l'Oeuvre n'eut esté aussi publique, que les Ouvriers? Et que tout Israël n'eut esté tiré à la fois de la Servitude du Peché; & enlevé *en main forte, & en bras étandu,* pour estre conduit droit en Canaan?

O si l'on oyoit tous les cris des Ames! O si l'on pouvoit sonder les fond des Cœurs, deviner les Pansées, lire les Desirs, découvrir les Desseins & meme antandre les Sanglots & les soûpirs, aussi-bien que voir les larmes de plusieurs Ames, & de plusieurs Yeux! O que l'on verroit de marques

du

120 Reformation de l'Eglise

du Desir & de la Disposition, que je dis! Que l'on antandroit de justes Plaintes d'une part, & de justes souhaits de l'autre! & qu'en ce Tams meme sterile d'Esprit, on decouvriroit de fecondité spirituele de Desirs, & de Gens, qui *ayans & faim & soif de Justice & de Sainteté*, demandent *d'en estre rassasiez*! Certes de ce qu'on en void plusieurs atandris à la Parole, gaignez à la Remontrance, & soumis à la Conduite Chrétiene, quand ils la trouvent, on doit, & on peut aussi conclurre, qu'ils ont le Desir, & la Disposition, dont nous parlons.

Mat. 5.

Je ne craindray pas meme de dire sur ce sujet (Mes Freres) une chose qui m'est venuë, & qui me vient souvant ancore en l'Esprit; lors que je fais Reflexion sur plusieurs Peuples, & sur plusieurs Troupeaus de nos Eglises; Que peut estre Nous nous méprenons, voyans leurs Maus grands, Inveterez, & meme extremes, de croire, qu'ils sont Incurables, & de les juger du tout Mortels: Seroit ce bien la Grandeur de la Peine, qu'il faut prandre à les guerir, qui Nous fit peur? Seroit ce nôtre Paresse, ou nôtre Delicatesse,

tesse, qui nous rebutat de ce Travail, ou qui nous le fit laisser? Serions Nous laches, & Negligens à ce point? Non certes, mais sans doute Nous pansons, que la Terre soit come sterile, ou frapée de Malediction? Et neamoins elle ne laisse pas d'estre *Benite*; & je vous asseure, qu'il y a ancore de la graisse en elle par la Grace de celuy, qui l'a créee, & qui la soutient. La Moisson est non seulemant plus Grande, que nous ne croyons, mais plus jaune, & plus meure meme; & si les Epis n'on sont pas tout à fait dorez, ils commancent pourtant à blanchir; & pour le moins sortent, croissent, ont béle Montre, & sont préts à se former & à meurir; si-tôt que la Pluye *de la Repantance* les aura Mouillez, & que *le zele Pastoral* les avra touchez.

C'est pourquoy il est juste & necessere, que j'ajoûte, Que nous avons Sujet d'aprehander, qu'il ne tiene peut estre à Nous en ce Tams, *Que le Monde Chrétien ne se Reforme*; Que le Champ des Eglises ne porte un grand fruit, & que nous ne soyons réponsables du Grand Nombre de Ronces, dépines, & de mauvaises her-

H 5 bes

bes qu'il produit, faute d'estre culti-vé? Et par Consequant coupables, de ce qu'il ne rand pas à son Maistre ce qu'il doit; Et come *la Vigne* de l'E-

Cant. 8. pouse, bon Nombre de Sicles d'ar-gent à Salomon?

Vous sçavez assez, que plusieurs fois les Prophetes, et les Apótres, Dieu meme, et JESUS Christ nôtre Sei-gneur apelent *le Monde un Champ, l'E-glise une Terre labourable, ou une Vigne un Jardin, & un Verger*: Et vous n'ignorez pas aussi, que les *Pasteurs & les Conducteurs* en sont *les Laboureurs, les Vignerons, & les Jardiniers*; et qu'en ces Qualitez ils sont tenus *de Labourer le Champ, de foüyr la Terre, & de cul-tiver la Verger, & le Jardin*. Qu'ils sont redevables à leur Maistre de Grands revenus, et de Grands fruits. Qu'ils sont coupables, s'ils n'y aportent pas un grand soin, et un Grand travail; et qu'il faut necesseremant, qu'ils soyent non seulemant robustes, et forts; mais Vigilants, et adroits pour sercler, aussi bien que pour labourer le Champ; pour tailler, aussi-bien que pour fouyr, et pouder la Vigne; pour émonder, aussi bien que pour planter, ou pour ar-

arracher les arbres ; & anfin Soigneus, & curieus de conserver, & de garder les Grains, les raisins, les fleurs, & les fruits de leurs Champs, de leurs Vignes, & de leurs Jardins.

Certes à tout cela il faut de l'Habileté, du soin, & qui plus est du travail & de la peine. Or n'y a il point danger, que queques Uns, ou meme plusieurs de Nous en manquent? N'y a-t'il point de Sujet de craindre, ou que le travail nous fait par fois peur ; ou que nous nous en lassons trop-tôt? Ou que nous n'avons pas assez de force pour le porter; ou que nous avons trop d'autres choses à faire, & trop d'heures à doner à d'autres Oeuvres, que celes de nôtre Métier ?

Certes si cela étoit, Nous serions bien obligez en prechant la Repantance aus autres, *de Nous Repantir* les premiers ; & en pleurant avec eus nos comuns pechez, pleurer des Particuliers si grands, que je ne sçay, si *des Pasteurs*, en peuvent cometre de plus crians ? Si cela étoit, ne serions nous pas bien dignes du Nom de *La-* Mat. 18. *ches Ouvriers, de Serviteurs Infideles,* v. 32. *de Domestiques Larrons, & de Pa-* Jean 10. *steurs* sieurs Mercenaires ? Ne serions Nous pas coupables du Dechet de la Gloire de Dieu & de JESUS Christ, de la perte du Salut des Ames ; dont le Sang nous seroit redemandé, & de tous les Maus, qu'éles seroient, ou pour faire, ou pour soufrir ?

Je fremis, quand je panse en ce cas à nos Grands Crimes, & en suite à nos justes chatimans. De tels Pechez ne sçauroient être dessus Nous & sur nos Têtes, sans atirer de grandes peines, & un Grand Courroux de Dieu. C'est pourquoy c'est à Nous à faire serieuse Reflexion sur nous memes, & sur nos Charges. *La Vigne de Salomon luy randoit mille pieces d'Argent*, dit le Cantique. Les Ouvriers du Champ & de la Vigne Euangelique travaillans diféramant, & à divers Tams, ne laissent pas de bien faire leur devoir, & *de gaigner leur Denier*. Les Apôtres jetans la Nasse sur la Parole de JESUS prenent beaucoup de poissons. L'Ame Vaillante au Cantique *mise Garde dans les Vignes*, dit avoir gardé la Siene, aus depans de se haster, & de se cuire au Soleil. Les Espies de la Terre de Canaan en raportent un Raisin, qui Chargea tout seul deus ho-

Cant. 8.

Cant. 1.

homes, ancore leur falut il un Levier.
Enfin les Apôtres sont alez au commandemant de Christ, & *ont porté du fruit par tout*. Ils ont semé & moissoné tout ansamble. Ils n'ont point travaillé en vain, come batans simplemant l'air. Ils en ont épandu le grain de la Parole, & ils en ont cueïlli le fruit. Les Oeuvres en ont Séelé la bonté, aussi-bien que cele du Champ, qu'ils ont cultivé. En un mot les *Bons Ouvriers sont toûjours Operatifs; les Bons Laboureurs Laborieus; & les Bons Jardiniers plantent, ou antent de bons Fruitiers. Qui mange du fruits de la Vigne, si non celuy qui l'a plantée ? & qui moissone que celuy qui a semé?* D'où vient il aussi, que les Champs sont beaus, les Espis crestez, & les Parterres couverts de Fleurs, les Arbres de fruits, & les Ceps chargez de Raisins ? si non de ce que les Laboureus, les Vignerons, & les Jardiniers ont bien labouré, bien cultivé, & bien tenu en l'Etat, qu'il faut, leurs Champs, leurs Vignes, & leurs Jardins?

Je ne sçay, si c'est médisance, ou Calomnie ; mais on se plaint assez haut en divers lieus, que Nous ne donons pas

pas à nos Vignes Spirituelles leurs façons. Que Nous ne Labourons pas assez nos Terres, ou n'y enfonçans pas nôtre Araire asses avant, ou n'en rompans point assez les motes, c'est à dire, les Cœurs durs, ou andurcis; Que nous ne semons pas souvant à Tams, ny meme amplemant; & que sur tout nous n'avons pas assés de soin de sercler nos Blés pour ampecher l'yvroye d'y croitre, & les mauvaises raçines de s'y étandre & d'y ramper, c'est à dire les vices, de s'y épandre, & les vicieus de s'y élever.

On se plaint, que Nous n'emondons pas assez nos Troncs, qui sont nos Chefs de Famille; & que Nous ne Dressons pas bien nos jeunes plantes, qui sont nos Anfans, & ne les élevons pas à devenir de bons Arbres; come aussi, que nons ne conservons pas assés nos Fleurs, & nos Fruits, qui sont leurs heureus progrez, ou ceus des Autres, des injures du Tams, ou des Bétes, des Mains des Larrons & des voleurs, & des dents memes des Animaus, qui ne sortent pas tous des bois, mais viennent du milieu du Monde, & des Anfers.

On

On se plaint meme par fois, que Nous laissons tomber en queques lieus, nos Vignes en friche, faute de les cultiver. Que Nous leur laissons porter beaucoup de bois, et de Sarmans inutiles, faute de les couper, et tailler. Que les Ceps en sont abatus des vants à Terre, faute d'estançons, et d'eschalas. Qu'ils ne produisent point de Raisins faute d'Humeur, ou de chaleur. Que s'il y en a, ils sont anlevez faute de garde. Que les sangliers antrent dedans, et toute sorte de Bétes les gâtent, pource qu'il n'y a point de bone Cloison. Qu'enfin ils ne portent que des aigrets, ou des Lambruches; que des feuilles, ou du bois; pour ce que les Vignerons n'y aportent pas Grande Culture, et negligent de les tenir en bon Estat.

Seroit il bien vray, mes Freres? Auroit on bien juste sujet de nous faire ces réproches? Et pour le moins ne somes nous pas obligez de voir, si ces Propos sont jetez mal à propos, devant que les rejeter? Certes Nous ne debyons point nous en piquer, devant que nous éplucher? ou nous facher, quand il est question de nous Conoistre. Encore que

nous

nous voyions les Autres, Pecheurs & Malades, ce n'est pas à dire, que nous soyons parfaitemant Sains, & Saints. Ne nous amusons donc pas à nous plaindre injustemant, si l'on se plaint de nous Justemant; mais profitons des Charitables Remontrances, qui nous sont faites, lors qu'elles sont equitables & fondées en la verité. Come nous voulons bien, que Nos Freres Profitent des nôtres, Profitons aussi des leurs; Et si Nous desirons, qu'ils s'Amandent, Amandons nous, & donons leur en les bons Examples, puis que nous leur en donons bien les Avis.

Et pour venir tout de bon au Point qu'il faut, & pour faire de nous & de nos Gestions, l'Examen que nons devons; n'est il pas bien vray (mes Freres) qu'il faut bien, qu'il tiene à queque chose, & meme à queque grande chose, ou à plusieurs; qu'il y ait un si Grand nombre de Pasteurs, & qu'il y ait si peu de Saints Troupeaus? Qu'il y ait tant de Laboureurs, & meme tant de Labourage; & qu'il y ait si peu de Terres, c'est à dire, d'Eglises & d'Ames bien Labourées? Qu'il y ait

tant

tant de Jardiniers, & qu'il y ait si peu de Jardins bien-faits, et de Vignes bien cultivées? Anfin qu'il y ait tant de Semance, et qu'il y ait si peu de grain, et de fruit?

D'où peut venir, s'il Vous plait, qu'on preche, et qu'on dise tant, et que l'on façe si peu? d'où vient, qu'il y a tant de Sermons, de Catechismes, de Prieres, et qu'il y a si peu de Gens bien prians, et bien instruits? d'où vient qu'on frequante tant les Saintes Assamblées, et qu'on ne devient pas Saint? d'où arrive-t'il, qu'on sort aussi sec, et aussi froid, d'un Tample, qu'on y est antré? Aussi vain, aussi volage, aussi distrait, et peu touché d'un Sermon, d'une Cene meme, et de tout autre Exercice de Pieté; que si l'on sortoit de sa Maison, ou d'une visite Indiferante, d'un Repas d'Amy, & d'une Action ordinaire soit aus Autres, soit à Nous?

Certes il faut bien, qu'il tiene à queque chose, que nous faisons si peu de fruit? Que les Ames sont si peu touchées? Que les Pecheurs ne se convertissent point, & meme ne sont pas émeus? Que nous *n'arrachons, ny ne plan-*

plantons, ni ne Détruisons, ni n'edifions gueres ; Mauvais, ou bons Arbres; & Batimans Profanes, où Saints? Et que Nous ne faffions preque plufieurs que batre l'air de nos Paroles, & que Semer fur les haliers, & les Chemins ? En efet Tel préche dis Ans antiers, qui ne convertit pas dis Ames ; Heureus s'il en gaignoit la Moitié ! Tel Preche toute fa vie, qui ne refufcite pas un Mort, ou Demimort en Peché. Tel fe travaille, & travaille toûjours beaucoup, qui ne gaigne rien, ou peu. Hè d'ou peut venir une Difete, ou une Sterilité fi grande ? Examinons en icy *les Caufes*, come en efet je me fuis Propofé de faire *de cet Examen* le Cinqnieme Chef de cette Letre, pour ce que je Sçay, qu'il vous Plaira.

CIN-

CINQUIEME CHEF.

Examen des Causes de la Sterilité du Pastorat travaillant à la Reformation, & l'Avançant peu; & des Sources du peu de fruit des Fonctions Pastorales en ce Tams.

IL est Naturel en toutes choses, lors qu'un grand Travail est Inutile, & que l'Oeuvre qu'on pretand, ne se fait point, ou reüssit peu, de rechercher vite la Cause, d'où cela vient, pour y aporter du remede, & lever ce funeste ampechemant. Ainsi, pour ne sortir pas dans le Sujet *du Pastorat* des Comparaisons Pastorales, *un Jardinier, un Vigneron, un Laboureur, un Architecte, & un Medecin*, voyans l'un, que son Jardin ne porte ni fleurs, ni fruits; l'Autre, que sa Vigne ne rand pas Grand Vin; Que sa Terre ne produit gueres de grain; que sa muraille ne tient point; ou que ses remedes n'operent pas; a coutume de voir, s'il ne tient point à sa Culture, à son Plant, à sa Semance, à son Cimant, à ses Simples; ou à queque autre chose que ce soit du côté du Ciel, ou de la Terre, de l'Air, ou de la Saison; & de la Nature soit du Sol, soit du Malade, qui peut retarder l'éfet des soins, qu'on a; & du travail, que l'on prand.

Ainsi voyans an ce Tams (Mes Freres) que nous travaillons tant, & faisons si peu. Que tous les Jours nous Instruisons, nous Prions, nous Exortons, & ne cessons de cultiver nos Champs, nos Jardins, nos Vignes, qui sont nos Eglises, & n'en recueillons ni grand Blé, ny Grandes fleurs, ni grand fruit, ni Grands Raisins; & somes toûjours la truele à la main, remuans les Pierres & le Mortier, & neamoins édifions peu en tout sens; & quoy que nous Soignions nos Malades, ne réussissons point à les guerir; il est bien Juste, que nous voyions à *Quoy il tient, & d'où Cela vient. Qui est ce qui cause cete grande Sterilité, & préque Inutilité des Fonctions du Ministere*, qui ne fut jamais si Povre en Esprit, sans pourtant estre bien heureus; & n'eut jamais si peu de Revenu, quoy que peut estre il ne fut jamais si Riche.

Des

Des Profetes se plaignoient jadis, de ce qu'ils parloient en vain, & se plaignoient par fois à Dieu, de ce qu'ils travailloient pour neant. Qui a creu (disoient ils) à nos Paroles? Delaissons Babilone, elle ne veut pas guerir; Mais ils parloient à des Juifs, & à Jerusalem, ou Babilone, qui avoient non seulemant l'Oreille andurcie, mais le Cœur. *Es. 53.*

Nous parlons à des Chrétiens, & nous ne les trouvons pas plus ramolis, que des Payens, ou que des Juifs. Nous portons une Parole de Reconciliation, & de Grace, que Jesus Christ a mise en nos bouches, puis que Nous somes ses Ambassadeurs; Et toutefois Nous ne réussissons pas plus, que si nous portions la Guerre; & n'avions en nos bouches que des Menasses, qui à leur tour ne font pas plus que les Promesses, tant le Monde est Insansible à ses Biens, & à ses Maus. *2 Cor. 5. v. 11.*

Certes c'est un Grand Prodige, & pour le moins aussi étrange, que s'il arrivoit, que la Terre demeurat queques Années sans produire; Le Soleil sans paroitre tel qu'il est, & sur tout sans doner Chaleur aucune, pour beaucoup qu'il éclairat : Mais Principalemant que seroit ce s'il avenoit, Que Nule Brebis ne portat, Nule Fame n'anfantat, & que generalemant parlant tout Animal fut Sterile. On seroit sans doute surpris, & l'on croiroit bien avoir raison de prandre cela pour un grand Fleau, & pour un Signe de Courrous Divin.

Combien plus doit on estre étoné, que durant dis, & vint Années antieres la Terre d'une Eglise soit Sterile, le Pastorat n'anfante Rien, & les Brebis Spirituelles ne portent point ? Combien le doit on estre de voir tant de Brillans dans les Tabernacles de Dieu, n'eclairer pas, & tant de Flambeaus alumez n'échaufer point ? *O que de vant semé, puis qu'il n'en vient que de la bruïne !* O que de Caillous, & de Ronces, qui étoufent le bon grain ! O qu'il est important pour nôtre Consolation, ou plutôt pour nôtre juste Desolation (Mes Freres) que nous voyions *A quoy, ou à qui il tient ? A Nous, ou aus Autres ; Que Nous, & eus* aportions si peu de fruit, & n'avancions pas beaucoup nôtre Salut, & le Leur.

Ce Chef est si Important, que j'en fais

fais preque le Principal de ma Letre, & d'un auſſi Serieus, & auſſi utile, que Libre & familer Antretien. Soufrez donc, que je m'y atache, & que non ſeulemant je ſois plus exact, mais plus fort ce me ſamble à le preſſer. Pour cet éfet je ſuis d'avis d'examiner icy l'une apres l'autre, toutes les ſources *du defaut des fruits du Miniſtere parmi nous*; & d'où peut venir, que nôtre Paſtorat, & ſes fonctions produiſent ſi peu d'efet & de fruit en nos Egliſes, & en nos Troupeaus.

EXAMEN

De la Premiere Raiſon tirée du Nombre ſoit des Perſones, ſoit des Actions.

ON peut dire en Premier lieu, que peut étre *le defaut meme d'un aſſez Grand Nombre ou des Paſteurs, ou de Fonctions Paſtorales*, veu le Grand Nombre qu'on a de Brebis ſoit à inſtruire, ſoit à conduire; ſoit à viſiter, ſoit à exhorter; peut bien eſtre la Cauſe du Defaut de fruit, dont nous nons plaignons. En efet pluſieurs Gens Sçavans

vans & Saints, & plusieurs ou bons Pasteurs, ou bons Anciens trouvent, et jugent, que quand les Troupeaus sont si Nombreus, et les Eglises si Grandes, il est dificile, que peu des Pasteurs les puissent paistre; si non de Parole, et de Predication; au moins de soin, et de Conduite; et si non en public (ce qui se peut aucunemant) au moins en particulier, ce qui est tres-dificile en queques lieus, et en d'autres ne se peut faire aucunemant.

Ne sambleroit il pas, (disent-ils) qu'un Pasteur pour s'acquiter bien de sa charge, auroit asses d'une Centaine de vrayes Brebis? Où si l'on veut meme de quatre, ou de Cinq Cens au plus? Il y a bien là de l'ouvrage en tant de Persones pour une Seule, & meme pour Deus. Paitre un Troupeau tel qu'une Eglise, n'est pas seulemant asambler, Instruire, & Precher; mais Visiter, mais Conseiller, mais Conduire, & faire avancer des Ames en la Conoissance de Misteres, en l'exercice de la Pieté, & en la Pratique des Vertus. C'est ancore les garder de l'Erreur, du Vice, & des Tentations du Monde & du Diable, qui les font écarter du bon

Che-

Chemin. C'est les élever de degré en degré, peu à peu, ou meme vite à la Sanctification, & aus voyes Saintes, Toute Eglise s'apelant Sainte, & debvant l'estre, afin de n'en porter pas en vain le Nom.

Or il est certain, qu'en plusieurs lieus, il peut y avoir trop peu d'Ouvriers pour une Grande Moisson. Que les Pasteurs y sont souvant si pressez, et si chargez d'Actions Publiques, qu'à peine en peuvent ils faire de bones particulieres. Qu'ils sont si ocupez dans le Cabinet pour Etudier, et dans la chaire pour precher; qu'ils ne peuvent estre souvant, ou Long Tams dans les Maisons, et les Familles; dans les Hopitaux, ou les Ecoles; pour Consoler des Malades dans les uns; pour instruire dans les Autres des Anfans; pour exhorter à la Pieté, et à la Paix des Domestiques, et pour en regler les Mœurs, ou composer les Diferans.

Mais sur qui rejeterons nous la Cause de ce Desordre, et du Defaut d'un asses Grand Nombre de Pasteurs en de samblables Eglises? En acuserons nous le Mal-heur du Tams? La

Me-

Mediocrité de Revenus? Ou le petit Nombre de Jeunes Gens, qui se poussent, ou qui sont poussez à devenir *Anciens*, c'est à dire, *Ministres*, ou Pasteurs en nos Eglises? Non certes; Car on trouve bien assez d'argent pour le Monde, et pour son Service; & les Riches ont assez de choses superfluës en leur Maisons, sur leur Tables, et meme sur eus, qui pourroient servir à celuy de Dieu. Le public, s'il vouloit, et pour le moins plusieurs particuliers pour luy, pourroient bien fournir assez à tous ces frais, en donnant peu; Mais le zele manque, l'afection n'y est pas, la Liberalité ancore moins, et voilà d'une part en queques lieus *une des sources du Defaut* de fruit, dont nous parlons.

De l'autre aussi l'on void bien, qu'en Divers lieus, ce n'est point la Disete de Pasteurs, veu que plusieurs en abondent, et qu'eus memes disent par fois, qu'ils sont trop. Qu'il n'y a pas assez de chaires vuides pour des Gens qui les peuvent bien ramplir. Qu'il y a des Pasteurs, qu'il y a des Precheurs en laisse; et des Disaines, voire des Vintaines d'Homes vacants, pour un ou deus lieus,

lieus, qui vaquent. De fait, il peut arriver, que le Nombre soit par fois si grand, qu'on s'antre pousse, & qu'on fait à qui l'aura, ou pour le moins qu'on s'avance, & qu'on se presse pour l'avoir. Ne void on pas meme plusieurs y courre, ou plutôt s'y precipiter?

Ce n'est pas, qu'en d'autres lieus, & principalemant en ceus, où il y a de la Pauvreté & de la Misere; ou queque chose à soufrir soit pour le Corps, soit pour l'Ame, & sur tout en ceus qui sont sous la Persecution, & (come on parle) sous la Crois, le Nombre des Pasteurs ne soit fort rare, fort peu souhaitans d'y estre, ou d'y aler; & par efet ces Eglises ou Povres, ou Persecutées, ne sont gueres les Objets de l'Avarice, de la Vanité, de l'Envie, & beaucoup moins de l'ambition. L'on ne va pas volontiers à la Prison, & à la Crois. C'est le plus tard qu'on peut, qu'on se rand aus Hopitaus! Volontiers on ne prand pas pour Robe la Povreté, pour chaire la Crois, & pour Champ à Labourer une Sabloniere, ou un Desert. C'est neamoins une chose bien Etrange, que *les Enfans de ce Siecle & des tenebres*, (pour parler avec

Luc. 16. *v.* 8.

JE-

JESUS) soient non seulemant plus Prudans, mais plus ardans *en leur Generation & en leur zele*, que ceus qui se disent les Enfans du Ciel & de la Lumiere; puis qu'en efet on a veu, & l'on void encore de nos Tams, des Pharisiens & des Scribes Circuir la Terre & la Mer, pour faire des Proselites; Courre les deus Mondes, & aler en Caravane de l'Occident en l'Orient, & de l'Europe en l'Amerique, à la Chine, au Japon, aus Indes, & par tout, Cercher la Mort & les soufrances; pandant que plusieurs de ceus, qui se disent Enfans des Apostres, & qui portent le Nom de leurs Disciples, & meme de leurs Successeurs, n'ont point leur zele, & fuyent ce qu'ils ont cherché.

C'est à quoy les Professeurs, & les Directeurs, qui ont la Charge des Etudians en Theologie, sont bien priez de Pourvoir; & faire en sorte qu'indiferamant l'Amour des Eglises, & le zele des Ames, aussi-bien que la Gloire de Dieu & de JESUS Christ, leur soit à Cœur; & qu'ils ne fuyent jamais de Planter la Foy au milieu des buissons & des Epines; l'Euangile parmi les

les Crois, & en cevillir, & en trouver tous les fruits bons, ancore qu'ils soient Amers.

Il ne seroit pas aussi moins juste, que les Puissans, & les Riches s'apliquassent Charitablemant, & fortemant au soutien de ces Eglises, d'autant plus Pures pour l'ordinaire, qu'elles sont plus Povres; & d'autant moins Corrompuës, qu'elles voyent, ou Respirent moins l'air de la vanité du Monde; & que le Sel, ou la Mirrhe, & l'Aloëz de la Persécution les garde de Pourriture, & les conserve come des Corps embaumez. Il leur seroit aussi honorable, que facile d'apliqrer à cete bone Oeuvre une partie de leurs Biens, qui seroit bien sufisante pour petite qu'elle fût, ou meme le principal de leurs Amones, lequeles partagées & dipersées ailleurs pourroient faire en blot un Bien Comun, qui vaudroit plus que cent petits Particuliers. Il est vray, que les Riches memes se defandent de cete bone Oeuvre en se plaignant, que le Pastorat n'en fait pas assez; & que sa froideur cause la leur, ne voyans pas, que le zele Temporel soit secondé, ou meme soutenu du Spirituel.

Or

Or pour les lieus, ou les Eglises sont puissantes, & où de Grands Troupeaus peuvent entretenir plusieurs Pasteurs, il peut arriver sans doute, que parmy un assez Grand Nombre, on n'en conte pas un Grand de Bons. Ce n'est pas à dire seulemant, d'Habiles & de Sçavans, mais de zelés, & de Saints, qui en puissent faire d'Autres, & Convertir les Grands Pecheurs, ou Sanctifier ceus qui le sont beaucoup moins. C'est la Sterilité du Tams, qui ne porte pas qu'il soit Fecond en Grands Homes, & beaucoup moins en Grands Saints; & en Personages d'autant de zele, & de Probité, que d'Habileté, & de Sçavoir.

C'est meme une chose Etrange, qui se void, & se remarque par plusieurs, que quand il s'en trouveroit bon Nombre, ou meme quequn entre plusieurs; il ne seroit pas toûjours le mieus venu, le plus creu, & le plus Authorisé. S'il étoit meme à pourvoir, il auroit bien de la peine à rencontrer un Lieu vuide; & encore plus à en remplir un vacant. Tout autre parfois seroit plûtot Intrus, que luy Introduit; & la vanité, ou l'Ignorance

ce portée par les Parants & les Amis, ou meme Simplemant par l'air, par l'Esprit & (pour le dire ainsi) par les mains du Monde, trouveroit plutôt une Chaire à se montrer, que la Sciance, & la Sainteté n'en peut trouver, non à paroitre, mais à faire Eclater la verité, & conoitre Jesus Christ.

Voylà ce qui se peut penser, & dire de plus raisonnable, & de plus juste sur la plainte, qu'on peut faire du petit Nombre des Pasteurs, & pour le moins du rare Nombre des Bons. Voicy pour ce qui concerne celuy de leurs Actions, qu'on peut quequefois pretandre n'être pas assez frequantes, sur tout dans les petits lieus; Où par contre dans les Grands leur Multiplication dégoute, leur longueur Ennüye; & l'on ne void pas, que les Grands Lieus profitent plus que les Petits. On ne sçait gueres à quoy imputer le peu de fruit de tant d'Exercices; & s'il tient ou à ceus qui font, & qui distribuent ce pain; ou à ceus qui le Reçoivent, que l'on doit atribuër le peu de Norriture & d'entretien, qu'en retirent les Eglises. La Manne passe pour viande fade au gout de l'Israël Nouveau,

veau, aussi-bien qu'à celuy de l'Ancien, soit qu'on en mange trop souvent, soit qu'elle soit mal apretée, l'Acoutumance en Engeandre le Mepris, le Mepris fait qu'on la rejete, & le defaut de s'en Norrir fait qu'on s'amaigrit, & qu'on tombe en une Espece le Langueur, qui menasse du tombeau.

L'un dit, que la coutume d'ouyr toûjours un même Home, est Cause que sa Parole ne fait pas plus d'Impression, qu'en fait sa veuë; Et sur tout, que s'il n'est pas beaucoup touché de Dieu, il ne peut toucher les Homes, qui n'oyent, & qui ne voyent en luy rien que d'Humain. l'Autre alegue, que plusieurs avec le Tams se Negligent, & des qu'ils sont Etablis en une Eglise, & Encrez come un vaisseau à la rade, ils ne se soucient plus ny de ramer, ny de voguer, ne prenans plus la peine de travailler leurs Actions, & plus dans le Cabinet qu'en pleine Mere ne se metent point en cel d'atirer le vent du Saint Esprit, & de faire leurs eforts pour avancer, & bien conduire leur vaisseau, qui est l'Eglise, que Dieu leur a mise en main.

Peut

Peut être auſſi qu'il tient à leur peu de zele & de ferveur, que leurs Auditeurs n'en ayent, & qu'eus memes Acoutumez à certaine façon de diſcourir come en l'air, afin de Remplir leur Heure; acoutument ceus qui les oyent, à prendre auſſi leurs Paroles come en l'air, les laiſſant emporter au vent, auquel eus memes les donent ; Enfin c'eſt une pityé de voir tant travailler, pour ne faire preque rien, ou au moins fort peu. C'eſt une choſe deplorable, qu'on crie tant pour faire pleurer des pechez, & des pecheurs, & pour leur faire crier Miſericorde en leurs Miſeres; & qu'ils ne crient, & ne pleurent aucunemant, mais perſeverent à faire des pechez crians, qu'ils ont meme pene d'ouyr décrier.

Quant aus bons Exercices du Miniſtere, pour beaucoup qu'il y en ait, il n'y a jamais trop. Pour frequens, ou longs qu'ils ſoient, ils ne le ſont jamais tant, que l'ont eſté ceus de JESUS Chriſt, qui prechoit & jour & nuit; ceus des Apôtres, qui anonçoient perpetuclemant la Parole dans les Maiſons, & prolongeoient leurs Diſcours bien avant dans la Nuit ; l'eſtoient

K

ſtoient bien plus. Les Bons Sermons ſont toujours Rares, & les Homes qui les peuvent faire, encore plus. Qui a faim, & ſoif de Juſtice, s'en Nourit; mais ne s'en ſoule jamais. La vraye Parole de Dieu razaſie bien, mais n'ennuye point. A peine void on le Monde s'Ennuyer aus Tables, ou aus Comedies; & s'il l'eſt aus Saintes & aus Bones Actions, c'eſt Signe, qu'il n'a pas le Palais Bon, & l'Eſtomach Afamé.

Il y a tant de Diſcours vains, dont on n'eſt point Ennuyé. Il y en a tant de Flateurs, qu'on n'acuſe pas de longueur. Il n'y en a que trop d'Afettez, & de Mondains, que le Monde aprouve, & ſuit, quoyque l'Euangile les condamne; & qu'une Egliſe ne devroit jamais les ſoufrir. Autre eſt un Orateur Chrétien; Autre un Profane; & il faut qu'il y ait toujours une Grande Diference entre un vray Predicateur & un Simple Declamateur de Teatre, ou Advocat de Palais.

O ſi les Prophetes, ô ſi les Apôtres revenoient Prêcher! ou ſi au Lieu de faire les Predicateurs, ils ſe faiſoient Auditeurs, & qu'il nous faluſt Prêcher

cher sous eus, & devant eus, come des Tites & des Timothées, que diroient ils de plusieurs de nous? & à quoy conoîtroient ils, que nous somes leurs Disciples, ou que nous tenons leurs Doctrines, puis que nous tenons & parlons si peu leur Langage? Pourroient ils bien aprouver en tout le nôtre, & dire, qu'ils parlent par Nous? Certes ils nous desavoüeroient pour leurs Disciples, & nous ne sçaurions aussi bien prouver, qu'ils sont nos Maitres, & que nous avons étudié sous eus.

Une contraire Plainte à cele, qui se fait contre les Sermons trop polis, & trop bien peignez, est cele que plusieurs font contre les trop Negligez; Non quant à la Forme, & pour les Paroles seulemant; mais quant à la Matiere, & pour les choses, qu'on doit dire, mais qu'on dit mal. Les uns sont Acusez d'être trop Grossiers, & trop Rampans; les autres trop vuides & vagues; ceux cy Laches, ceux là Froids; & queques uns meme santans beaucoup la paresse, & le peu d'Etude. C'est à ceus, qui sont Coupables de ces Defaus, de s'acuser avec autant de Veri-

K 2   té

té que de Cœur humble, qu'effectivemant ils prechent trop ; & de soufrir aussi d'étre acusez, qu'ils ne sont que trop Long-tams, & que trop souvant en Chaire, puis qu'ils la ramplissent mal. Ils devroient étre plus long Tams, & plus souvent en leur Cabinet, ou à Mediter l'Ecriture, ou à Mediter, non tant peut étre leurs Preches, que leurs Pechez.

Mais quant aus Bones Actions, j'ose dire derechef, que jamais les Bones ne font Nombre, ou ne le font au moins trop grand. Qu'elles sont toûjours fort Rares, pour Frequentes qu'elles soient ; qu'elles sont toûjours utiles, si elles sont toûjours bones ; & doivent toujours étre bien goutées, puis qu'elles sont toûjours de bon Goust. *La Parole de Dieu est un Pain*, lequel pour étre comun, n'est, & ne doit pas estre ennuyeux. Tout ce qui est bon, & beau, est agreable, sur tout quand il a une Beauté, & une Bonté Divine. Il y a toûjours queque nouvel Apetit en ce Saint Mets, de queque façon qu'il soit apreté ; & sur tout quand il l'est bien ; c'est à dire divinement, & par des Homes de Dieu.

Ce

Ce n'est pas, que les bons Pasteurs ne se doivent menager, & soit pour leur bien, soit pour celuy de leurs Troupeaus, regler le Nombre, la Mesure, et les autres qualitez, ou Circonstances de leurs Actions. Leurs Predications, leurs Catechismes, leurs Prieres, et tous leurs Exercices Saints, sur tout hors des jours sacrez, peuvent avoir de justes bornes tant de Nombre, que de Tams, et ne passer pas la Regle d'en ôter trop au Prochain. D'ailleurs aussi il est bon, qu'ils prenent garde de ne se pas Acabler eus memes, chargeans un peu trop les autres, & ne se soulageans pas assez. Les Bergers, qui sont Menagers, ne donent pas à manger à leurs Berbis par dessus ce qu'elles peuvent ruminer, ou digerer; Mais ce n'est pas, au moins en ce Tams, de cet excez de Semence, que vient *le Defaut de fruit*, puis qu'il vient plutôt de sa Mediocrité, ou Rareté. Il faut en trouver la Cause ailleurs, & plutôt dans l'Indisposition des Terres, ou dans l'Inefficasse des Semeurs, qui dans un Epanchemant, que d'autres pourroient apeler Prodigue, mais que je ne sçaurois pour moy apeler que Liberal.

Mais c'est un point, qu'il nous faut reprandre un peu plus bas, quand nous parlerons du *Defaut de Grace, & d'Onction dans les Sermons, & dans les autres Amplois Pastoraus*; & quand aussi nous dirons un mot des Qualités, que doivent avoir les Actions, aussi-bien que les Persones des Pasteurs: Qualitez, dont le manquemant peut bien être mieus compté entre *les Causes de l'Inutilité, ou Sterilité du Ministere*, que ni le *Nombre des Ministres*, ny celuy de leurs *Actions*: En effet la Sterilité antre les Homes est au regard des Parans; & entre eus, cele des Peres est sans doute & la plus considerable, & la moins propre à estre ostée par les Remedes humains.

EXAMEN

De la Seconde Raison tirée du *Defaut des Qualités de Sciance, d'habileté, Capacité, & samblables.*

Une Seconde source, de cete Sterilité, pourroit être (dira quelqu'un)

par le Pastorat.

qu'un) *le Defaut de Capacité sufisante*, de Science, d'Adresse, de Talens, & de qualitez soit natureles, soit aquises des Ministres ; come en effet il pourroit bien parfois arriuer, ou par le Cours des Tams, ou par le Rélachemant de l'Ordre, & de la Rigueur des Lois Chrétienes ; ou par la faveur, & meme peut estre par la violance, ou anfin par je ne sçay qu'elle Inadvertance, Condescendance, ou malheur, qu'un Ignorant, ou un Etourdi pourroit se glisser parmy les sçavans & les Habiles ; passer sous leur Ombre, ou sous leur nom ; ou plûtot sous celuy de ses Parans & de ses Amis ; & en suite parvenir à des amplois, qu'il ne peut amplir ; & à posseder une Charge, qui par éfet luy seroit une veritable Charge, c'est à dire un *Importable Fardeau*.

O quel Malheur n'est ce pas à une Eglise, quand elle a pour Docteur un Ignorant, pour Pasteur un Negligent, & pour Conducteur un Etourdi ! Coment peut elle en étre bien gouvernée, bien Conduite, & bien Instruite ? Quel Avantage en peut elle tirer contre l'Erreur ? Quel Profit contre le vice ? quel Conseil dans le Peril? qu'elle Consolation dans l'Affliction, & quel soutien en ses Assauts ? Ne faut-il pas atandre delà tout Dereglemant, & tout Desordre, aussi-bien que toute Ignorance, & que tout Relachemant ?

Mais si c'est un grand malheur à une Eglise, quel plus grand mal ne font les Eglises memes, ou leurs Chefs, ou Conducteurs Eclesiastiques, qui veulent, ou qui demandent pour Pasteur, un Malhabile & un Ignorant? Qui le reçoivent, ou le donent à un Troupeau? Qui l'ingerent meme, ou le poussent, pour l'y faire entrer par force, non par la Porte, mais par les fenetres, ou le Toit, à peine de les percer? Qui sous couleur, qu'un Home est Povre, chargé de Famille, ou Ruïné, ne font difficulté, ni Conscience, de charger une Eglise d'un malhabile & d'un Ignorant, & de la Ruïner d'Edification ? Qui sous pretexte ancore, qu'il est déja Pasteur, l'Etablissent, ou le maintienent Etabli? & font de la Chaire, non seulemant de Moyse & des Profetes, mais de Jesus Christ, & des Apótres; Chaire de Verité

rité, Chaire de Gloire; une Chaire d'Ignorance & de deshoneur? N'est ce pas bien imiter l'Eglise Errante, & même en elle les Esprits les plus Egarez, & les plus Errans; qui sont ceus, qui donent plutôt des Bouchers que de Bergers à leurs Troupeaus; & qui cometent à leurs Conduite des Recteurs, & des vicaires Incapables de les regir, & ancore plus de les enseigner?

Certes & ceux qui elisent, & ceus qui sont Eleus de la sorte, ont grand Sujet de grand Scrupule de leur Chois, soit regardé come Actif, soit consideré come Passif; puis qu'il entraine aprez soy une chaine de Pechez, & une constante Suite de Perpetuels Abus. Ce n'est pas en une Eglise, une Breche qui se repare incontinant. Cete Playe saigne Long-tams, & souvant, & sans remede; Le Pastorat n'étant pas une Charge de queques jours, & un Métier dont on change, ou qu'on puisse changer aisémant. Il n'y en a pas pour un An, ou deux; Il y en a pour des Tranténes, & parfois pour des Cinquantenes d'Années, les moins Habiles durans pour l'ordinai-

K 5 re

re le plus. Une Eglise n'en a que trop d'un, quand elle ne l'auroit que seul, & pour peu de Tams. Combien plus s'il n'a ny vouloir, ny zele? Et si étant Ignorant & Malhabile, il est lache & froid; Libertin, ou Glorieus?

Mais ancore queques samblables Plaintes que l'on fasse, pouvons nous dire, que ce n'est pas là le *Grand Defaut, & la Cause propremant, du peu de fruit, que fait aujourd'huy le Pastorat dans les Eglises.* La Raison en est, que Dieu merci, les Pasteurs pour la plus part sont doüés des qualitez Natureles, necessaires pour leurs Fonctions, & leurs Amplois pour le moins Exterieurs. Ils ont de l'Esprit, & meme assez de l'Eveillé, du Subtil, du Fort. Ils ont de l'Antandemant propre à conoitre, & à discerner les choses; à en bien juger, & à en porter leur sentimant. Ils ont de l'Imagination, de la Memoire, une Idée, assez bones & assez vives, les unes & les autres promptes, heureuses, & tenaces comunémant. Ils ne manquent point d'ordiner d'Invantion, d'adresse, & de vivacité. Ils ont vois, ils ont poumon, ils ont Parole, ils ont geste,
&

& rien presque de Naturel ne leur Defaut.

Ils ne sont pas moins pourveus pour l'ordinaire des bones Qualitez aquises, de l'Intelligence des Langues, et sur tout des Saintes ; de la Cognoissance des sciances, et sur tout de cele de la Theologie ; de l'Intelligence meme de la Bible, qu'ils lisent, qu'ils sçavent, et qu'ils peuvent expliquer. De la Possession des Mysteres de la Foy, et des Points controversez en elle, ou hors d'elle ; dont ils peuvent ordinairemant parler, ou Disputer sans erreur : Enfin meme ils ont pour la plus part de l'Eloquence, laquéle estant sanctifiée, les peut faire parler un jour saintemant.

Le *Defaut* donc, que nous cherchons, n'est pas ancore bien là. Les ordres publics ont assez pourveu à l'Ignorance, et à ce qu'il ny eut guere de Ministres Ignorans. Les Lois leur ferment la porte, qui ne leur peut être ouverte que fort raremant. Les Synodes sont presuposez y avoir l'œil, & y opposer la main ; Les Eglises la vois & le bras ; & heureusemant aussi les Academies y pourvoyent, &

leurs

leurs Recteurs, Professeurs, Conducteurs, & Curateurs prenent le soin de ce qui s'y fait, ou s'y doit faire; qu'il est assez mal aisé qu'il s'y fasse, ou qu'il s'y passe queque chose d'Irregulier par leur faute, ou par leur Suport.

Ce n'est pas, qu'on ne soit obligé de dire, come il est juste de ne le point taire, pour ne sambler pas trop nous innossanter, ou nous flater; qu'il se se peut trouver en tout cela, des excez & des abus, que plusieurs ne manquent pas de relever; Par example, il se peut faire parfois, que des Gens sortent des Academies, peu dignes des Temoignages sortables pour eus; Et qu'en efet il n'y a que trop de Grandes Pancartes, d'Eloges superlatifs pour des Etudians en Theologie, qui sont a peine un peu Positifs; dans lequels on samble plutôt faire des Aclamations, que des Attestations publiques; & l'ou on paroit plutôt Panegyriste, ou Mecenas de certains Cliants, que Juges & que Temoins de Parties; ou que Maitres, & que Peres de Disciples & d'Anfans. Cet Abus est à corriger sans doute, où il se trouve, & si l'on veut

veut que deformais on ajouté queque Foy à des Instrumans publics, & qu'on croye des Docteurs, & des Professeurs sur leur Parole. Ce n'est pas que l'Etude & la Sciance, la Pieté & la Vertu ne soient dignes d'être loüées, mais toûjours faut-il, qu'elles le soient, Veritablemant, & Sobremant.

Un Second Abus aussi selon queques uns peut étre, que ceus qui sont aus Etudes, ou hors d'elles, se pourroient apliquer avec excez à cete sorte de Theologie, que l'on nome *Scholastique*; & laquelle fort inconuë aux Anciens n'a esté introduite de nouveau dans les Siecles Precedans, que par de Nouveaus Errans, pour introduire des erreurs Noveles; Lesquéles ayans prevalu samblent anfin avoir forcé nos Orthodoxes, & nos Docteurs, & Professeurs, à suivre ces Nouveaus Venus come à la Piste, afin de les chasser, ou de les prandre, come des Animaus fort dangereux.

De fait on ne peut desaüover, qu'une Infinité de Dogmatisans & de Dogmes; non seulemant grossiers, & Triviaus; mais subtils, fins, & deliez ne nous ayent obligez en queque façon

çon à le devenir, & n'ayant attiré des Gens d'ailleurs Scavans, Judicieus, & Loyaus, à ces sortes de Chicaneries, & de Procedures de Palais; & ne les ayent engagez à suivre ces Chemins Scabreus, où l'on ne trouve que des Haliers & des Epines; des Chausse-Trapes, & des Lacets; Ce qui a fait tant de Sacs de procez de part & d'autre, c'est à dire tant des volumes de Controverse, bien plus grossis, & Multipliez que ceux des Cours; & introduit un Langage Barbare à tout le monde hors de leurs païs; c'est à dire, hors des Ecoles, des Disputes, & des Theses d'Ecoliers.

Ce n'est pas peutétre, que si l'on eut voulu bien suivre la Methode des Anciens Peres de l'Eglise, & meme cele des Nouveaus, c'est à dire les Docteurs de nos premiers, & derniers Siecles, qui ont tres-bien fait, & tres-bien écrit contre toutes sortes d'Erreurs, & d'Errans, & de leurs Tams; et des Nôtres; on n'eut bien Evité cete Methode Scholastique Chicaneuse, qui sant plus le Philosophe que le Chrétien, et meme tient souvant plus d'Aristote, que de Moyse, et de Christ,

Chrift, des Profetes, des Apótres, et de leurs Ecrits: Mais le malheur du Tams a prévalu, et sans doute auſſi un peu l'Eſprit Chicaneur, ou vain de l'Home, qui a toûjours démangeaiſon de diſputer, d'Ergoter, et de vetiller ſur toutes choſes; auſſi bien que d'avoir la Gloire, de Metre en péne par un Sophiſme un Habile Home, et de ſurprandre par ſubtilité un Adverſaire, qu'il ne peut vaincre par Ecriture, ou par Raiſon.

Cecy ne doit pas neamoins étre pris de telle ſorte, qu'il nuiſe à l'Etude non ſeulemant Poſitif, et des points Fondamentaus de la Religion, et de la Foy; mais ancore aus Controverſes de queques juſtes Matieres, queques qu'elles ſoient; puiſqu'en éfet *il faut ſçavoir randre raiſon de ſa foy à tous ceus, qui s'en anquierent*; et non ſeulemant *inſtruire* (ſelon Saint Paul) *les Ignorans, mais convaincre les Contrediſans*; et fermer la bouche à l'Erreur, qui l'ouvre trop, et qui paſſe bien ſouvant de la vanité et du caquet à l'Impudance, et au Blaſpheme: Mais neamoins cela méme doit avoir ſes bornes, et ſe regler aus juſtes lois, ny

de

de ne se doner tout à la Scolastique, et ne Devenir que Chicaneur; ny de ne sçavoir, et ne parler, que le langage d'une Ecole, et ne s'exprimer qu'en barbare Philosophe, ou meme parfois en Pedant. Il ne faut pas aussi doner à cet Etude trop de Tams, mais si faire se peut, tirer les Sujets controversez, de la façon Scholastique de les traiter, sur tout lors qu'on les porte sur la Chaire des Eglises, où ils sont moins intelligibles qu'en d'autres, et moins utiles aussi. Le meilleur est donc de leur doner en tous Lieus, s'il est possible, un tour et un air samblable à celuy, que leur ont doné les Anciens Peres, et memé plusieurs des Nouveaus, qui en ont parlé, et en ont écrit, et les premiers, et le mieus.

Certes si l'on pouvoit anseigner, ou si l'on pouvoit aprandre une Theologie Positive (come on parle) non seulemant tirée de l'Ecriture, fondée sur elle, et conforme à la pureté & Sainteté de la siene; Mais ancore tissuë de ses raisons, et de ses raisonnemans, composée de ses termes, Limitée, & pour le dire ainsi, Circonserite de ses bornes; Theologie sans doute substantiele,

tiele, & moëleuſe; & non ſeulemant ſolide, & profitable à merveilles, mais facile & agreable, au lieu que toute autre ordinairemant eſt Epineuſe, & tetrique; ſterile & ſeche; & bien ſouvant auſſi ébranlante la Foy, & la Pieté, qu'éle meme eſt Ebranlable & mal fondée; Il y auroit non ſeulemant grand plaiſir, mais grand profit de lire, & d'ouyr dire ces Doctines; d'écouter & de fueïlleter ces Docteurs, & leurs ouvrages; & de voir ſortir des Ecoles une Jeuneſſe bien Chrétiene, & de vrais Theologiens. Ils panſeroient, & parleroient auſſi agreablemant, que Saintemant; & l'on antandroit dans les Chaires des Egliſes, come en celes des Ecoles, le langage, & l'Accent de Canâan.

Le Troiſiéme Abus, dont queques uns croyent avoir Sujet de ſe plaindre, nuit ce ſamble ancore plus à l'Efficace des Predications, & aux autres fonctions du Miniſtere. C'eſt celuy, que pluſieurs nomment, *un Air Etranger de Predication*, & une Façon humaine, & vaine de precher, que queques uns croyent, que les Paſteurs prenent dez le comancemant de leurs

L Etu-

Etudes, & dez les premiers Essais, ou Exercices qu'ils font. Il est ainsi. Une faute si-tôt comancée ne s'acheve pas si-tôt. Un premier faus pas en fait souvant faire plusieurs ; & une habitude prise de Jeunesse ne se quite guere, quand on est devenu Home parfait, ou meme Vieil.

Come d'ordinaire les Etudians en Theologie sont de jeunes Gens, & a present plus jeunes que jamais ils n'ont esté, y paroissans souvant Anfans, soit de Mœurs, soit d'âge ; Il ne faut pas s'etonner, qu'ils ayent les Inclinations de la Jeunesse, & meme en particulier celes de la vanité & de l'Orgueil, qui les porte non seulemant à s'estimer beaucoup eus memes, & à se croire Gens d'honeur ; mais ancore à en vouloir, & pour cet éfet en chercher ; & en prendre toutes les Occasions & les Sujets, principalemant en la Profession, qu'ils font, des Lettres & des Sciences relevées, dans les discours qu'ils en produisent ; & dans l'avantage de paroitre, & de parler en public, de se faire voir en Chaire plus haut montés que les autres, & à leur opinion plus élevez, ce leur samble d'E-
sprit,

sprit, de lumiere, & de Talans; qu'ils n'y sont de corps & de Chaire en l'air, tout leur servant à y faire les cœurs hauts, ou plutôt altiers, & fiers; si l'Air de l'Esprit de Dieu, du Christianisme, & de la Grace ne les matte, & ne les abat.

A cela concourent deux Choses fort atachées à la Jeunesse, à sçavoir, *l'Emulation* ou *l'Anvie* d'une part, & de l'autre la *Curiosité Mondaine* dans la recherche du bien dire, & du Langage poli. Pour la Premiere, ce n'est pas, que parfois *l'Emulation* ne produise l'Estude & la Diligence dans les jeunes Gens, & ne les rende penibles & assidus pour y faire du progrez; mais elle a grand besoin de bride, & que la Grace la chatie, & l'ampeche d'aller trop avant. Elle est une Passion, et une Passion meme furieuse, quand elle passe en Enuie; Et il faut, que ni Theologien, ni Ministre en suive les mouvemans, ou meme en ait les sentimans, ayant la Grace, et la vertu de les ampecher, ou pour le moins de les retenir.

Quant à l'autre, qui est *l'Esprit curieus* de bien parler, et l'air affecté,

ou plutôt afété de l'Eloquance Mondaine; elle n'est pas moins condamnable, quoy qu'elle samble moins criminele; car ancore qu'il soit bon qu'un Predicateur ne parle pas mal, et qu'il faille meme, si faire se peut, qu'il dise bien, y ayant une Divine et Celeste Rhetorique, come il en est une Terrestre, et une Humaine; Moyse & tous les Prophetes ayans leurs traits d'Eloquence, et leur bonté, et beauté meme de vives expressions, des mots relevez, et d'admirables Saïllies, come il se void en leurs Ecrits; où sans art d'Orateur humain se voyent toutes les figures des plus beles Oraisons, ou Declamations, qu'ayent jamais faites où les Grecs, ou les Romains: Il est aussi visible, que les Apôtres ont les leurs, et que leurs Imitateurs, et leurs Disciples, ont esté pour cela les uns surnommés *les Bouches*, les autres *les Paroles d'Or*, et en leurs Tams ont esté *les Bien disans* de leurs Siecles: Neamoins il est juste de garder un Grand Milieu, et d'aporter une extreme precaution à ne lacher pas la bride à la vanité en un Point si Important, et n'aprouver jamais qu'un
Pre-

Prédicateur Chrétien parle à la mode d'un Payen. Qu'un home, qui doit estre Prophetique en ses discours, y soit Poëtique, Romanesque, & meme Mondain. Qu'il affecte la vaine pompe du Siecle dans les entretiens de l'Humble chemin du Ciel. Qu'il ait un parler mignard & delicat, en prechant la Penitance & la Mortification, l'Austerité de la vie, & la Rigueur des menaces, & des Jugemens de Dieu.

En un mot il ne faut pas, *qu'un Predicateur deviene un Declamateur,* ou un Rediseur de beaus Romans. Qu'il afoiblisse la force de l'Euangile par la molesse des mots de la Cour. Qu'il s'estudie plus à plaire, qu'à profiter; & que sa Predication Directemant opposée à cele du Grand Apôtre, *soit en Excellence de bien dire, & en Paroles attrayantes de sagesse humaine, & non pas en Esprit & en vertu.* Predication, qui non seulemant ne fait pas du fruit, mais nuit beaucoup, & corrompt extrememant ces quatre choses à la fois, *l'Ecriture*, sa Pureté & sa force; *la Foy*, la Pieté, & les Mysteres; *Le Predicateur* & son Ame; sa Conscience & son Esprit; & anfin *les Auditeurs, &*

L 3 *son*

& son Eglise, qui s'acoutume, & se plait par ce moyen non seulemant d'estre chatouillée, & d'avoir aussi toûjours l'ouye ensuite chatouilleuse (come Saint Paul le remarque) mais ancore d'estre flatée dans ses vices, & de recevoir dans les Tamples de l'Anfans, ou du plaisir aucunemant samblable à celuy, qu'on reçoit dans une sale, ou se fait la Comedie, & pour le moins un Concert delicieux.

C'est pour cela, qu'il faudroit rabatre dans la Jeunesse ces deux choses; l'une la Curiosité de lire tant de Poëtes & de Romans, d'Historiens & d'Orateurs Ampoulez, afétez, & parlans un Langage Metaphorique, Hyperbolique, & ronflant: l'Autre, de prandre en leurs Exercices, & dans les essais qu'ils font, un air de Declamateur, & un Style qui vole come au haut des Cieux, sur la téte du monde qui les oit, & qui va retantissant, ou plutôt s'evanouyssant come un Echo dans les airs : Cela fait, qu'ils ne disent rien de Naturel Naturelemant, & beaucoup moins Surnaturelemant, ce qui est de la Grace, & de l'Estat l'Estat Surnaturel. On peut meme remarquer, que la vois & le ton du chant, ou de la lecture qu'ils prenent, en récitant leurs Actions, oste à la matiere par la forme toute sa vertu, & randant tout ce qu'ils disent Etranger, le rand aussi Infructueus.

Ce point est bien plus important qui l'on ne croit, pource qu'il influë grandemant dans le corps des Actions, ou plutôt y Regne si absolumant, qu'il tient du comancemant jusqu'à la fin d'un discours, faisant qu'il est composé, & dit en vain. D'ailleurs aussi il entretient la vanité d'un Predicateur, luy fait (come dit le Prophete) *sacrifier à ses rets, semer du vent, & recueüillir dela bruine*, ou pour le moins ne moissoner que sa Gloire aus depans de cele de Dieu; & s'il préche Long-tams en une Eglise, amuse Long-tams un Peuple, et le tient meme abusé; d'où il arrive, qu'il ny a pas grand sujet de s'estoner, que les dix et les vint ans de cete sorte de Predications ne convertissent aucun pecheur, et n'edifient aucun Saint.

EXAMEN

De la Troisiéme Raison tirée de l'Age, ou Jeunesse des Pasteurs.

OR afin que Personne ne s'imagine, que nous veuillons nous aveugler, et taire en notre Cause, ce qui peut faire contre Nous; Je ne fairay pas difficulté de toucher icy une autre Raison, ou Source, que plusieurs alleguent du peu de fruit du Ministere, et de l'inutilité de la plus part de ses fonctions. C'est (disent ils) *la Jeunesse* des Persones, qui entre trop tôt dans les charges, et qui devant le tams en font une, qui samble exiger, qu'ils soiënt en toute façon, et en tout sans *vrais Anciens*, come *les Pasteurs* en portent le nom en l'Ecriture; En sorte qu'ils soiënt Veritablemant Meurs d'Esprit et meurs de corps; de sens, et d'âge à la fois; de sagesse et de conduite tout ansamble; et s'il se peut meme faire, *d'Usage & d'Experience* pour exercer un office, dont les Fonctions demandent non seulemant du feu d'ardeur, et de zele; mais du

Tam-

Tamperament froid, & posé, & un Jugemant rassis.

En efet on ne peut pas dissimuler, que come la Jeunesse a ses fougues, & ses Impetuositez; elle n'est pas incontinant chatiée au point qu'il faut. Son Ambonpoint ne s'abaisse, & ne s'abat pas si-tôt; & sa fleur, qui ne fait preque que d'eclorre, & s'espanoüir, n'est pas si-tôt formée en fruit, & parfois meme est sujete à s'esuanoüir. Son fruit verd come son âge, n'est pas meur incontinant; & il ne faut pas s'étonner s'il est (come l'on dit) *Insipide*, qui veut dire en un autre sens *mal sage*; & si meme il est aigre, & malfaisant.

Sur cela j'avouë, qu'il se peut faire, qu'on n'a pas grand tort d'atribuër à la Jeunesse d'un Predicateur, où d'un Pasteur, sa vanité dans la Chaire, aussi bien que dans les rues; son Luxe & sa pompe en ses habits, aussi bien qu'en sa Maison, & en ses Ameublemens; son affeterie en ses cheveus, aussi bien qu'en son Langage; sa delicatesse en ses travaus, aussi bien qu'en ses repas; son Libertinage en Compagnie, aussi bien que son oisiveté en solitude; &

qui

qui pis est, son humeur Volage, ou brusque, emportée, ou etourdie dans la Conduite, & dans les affaires, aussi bien que son peu d'intelligence, & d'habileté en matiere de Gouvernemant.

J'avouë ancore, que c'est une chose pitoyable, quand il faut, pour le dire ainsi, un Pasteur à un Pasteur, & un Tuteur à un Pere, come s'il étoit un Orphelin. Quand il faut à un Guide un Guide, à un Pilote, un Pilote, & à un Maistre Pilote un meilleur, & un plus Grand Maistre Pilote que luy. Le vaisseau est mal pourveu; Le Voyageur n'a pas d'abord bien rencontré; La Famille court danger de n'estre pas bien pourveuë, & tout cela est en Estat d'aler fort mal, puis que le Chef ne va pas bien.

On peut donc avoir ce semble quelque sorte de Raison de nous objecter, que la Jeunesse peut aussi bien contribuër à la perte d'un Estat Eclesiastique, qu'à celle d'un Politique, selon qu'ele y contribua sous Roboam. Qu'on peut prandre pour un Jugemant Divin, celuy qu'il exerce sur une Eglise, aussi bien que sur un Royaume,

en

en luy donant des Anfans pour Rois; Et abandonant son Peuple quant au Spirituel, aussi bien que quant au Tamporel, aus mains, & à la Conduite des Jeunes Gens, qui come vains, & temeraires ne sçaveut non plus conduire droit le chariot de la Lune, Symbole ordinaire de l'Eglise, que cet Autre le chariot du Soleil.

Ce n'est pas, que pour acorder humblemant queque chose aus plaintes de ceus, qui veulent, qu'on ait queque égard à l'âge, quand il est question de faire *des Anciens*, & plus ancore à la sagesse, & à la Capacité quand il faut faire des Pasteurs; Nous devions tout à fait exclurré *la Jeunesse de l'Entrée au Pastorat*, & meme de l'Exercice des fonctions du Ministere; & sur tout de queques unes, qui ne demandant pas toûjours une grande experiance, & un parfait, & consommé Jugemant. Pour eviter une Extremité, il ne se faut pas jeter dans l'autre, & sauter d'une abime en une autre abime, puis qu'au contraire il se faut garder des deus; & si l'on est en quequ'une, s'en tirer, & ne tomber pas en un samblable, ou peutetre plus grand Danger.

Il samble donc, qu'on pourroit dire sur ce Sujet trois, ou quatre choses raisonnables, qu'on pourroit poser en queque façon come des Principes, & suivre meme come des Regles asses bones en ce point. La Premiere est, de n'admetre aucunemant au Ministere & à ses Amplois, une trop grande de Jeunesse, Limitrophe ancore de l'Anfance (s'il est permis de parler ainsi) & qui ne fait que come sortir du berceau, & des Langes de l'Ecole; ou l'on a vescu come un Anfant, *parlé en Anfant*, & begayé, non seulemant des choses Divines & Spirituelles, mais des humaines & des tamporeles les plus cómunes, en un langage, & en un Sens Anfantin: Autremant qui ne void, Que ce seroit imiter ceus qui ont fait, ou font ancore *des Anfans Abbés, Prieurs, & Curés*, c'est a dire *Peres, Conducteurs, & Curateurs, ou Eveques* memes, c'est a dire veillans, & qui plus est *surveillans* sur des Provinces, & de Grands Etats; Et qu'en suite c'est exposer le Ministere non seulemant à la Risée, & à la moquerie d'un Monde soit ami, soit ennemi; mais à la Confusion & au desordre, qui entraine

par le Pastorat. 173

ne celuy des Eglises, & enfin cause leur Dechet.

La Deusiéme est, Qu'il ne seroit pas mauvais, ce samble, de prescrire à peu prez *Un Certain Age*, & un *Certain Tams*, auquel on peut ordinairemant estre apellé, & meme admis au Pastorat, soit qu'on suivit la Coutume *de l'Ancien Israël*, parmi lequel étoit cele d'administrer les trois principales charges, qui y fussent, à sçavoir, *la Sacrificature, la Prophetie, & la Royauté*, lors que l'on avoit atteint Trante Ans; ainsi que les Exemples, & les Textes de l'Ecriture le prouvent; soit qu'on se tint à cele *de Israël Nouveau*, c'est à dire, *du Christianisme Ancien*, dont les meilleurs Conciles temoignent, qu'il faloit avoir vingt et cinq ans pour entrer en la Charge *d'Ancien, d'Eveque, de Ministre, & de Pasteur* bien Apellé, et bien promeu.

Ce n'est pas, que come il faut eviter d'estre *Literal & Juif*, & n'affecter point d'une part d'estre odieus Formaliste, ou Chicaneur; Esclave de la Loy, ou de la Coutume; et opiniatre observateur de Methode humaine: Et come de l'autre aussi, il ne faut pas
être

être Libertin, dereglé, ou meme Irregulier; mais tenir un Certain juste Entredeus et un Milieu Raisonable entre la Letre et l'Esprit; la Loy et la Grace; la Charité et la Justice; & doner toûjours plus à la volonté de Dieu, et à la Vocation de l'Home; de la part de son Esprit; et de la Manifestation de ses graces; il faille s'atacher de sorte *à ce Terme precis d'années*, qu'on ne puisse passer outre, quand il est besoin; et quand des Personnes, des Talans, et des qualitez Natureles, et Surnatureles tout ansamble; aussi bien que de bones Ocasions, de bones Epreuves, & preuves aussi, obligent à s'en dispanser soy meme; et plus ancore à en dispanser Autruy. La Raison doit estre en tout ce Procedé la Maistresse, et la justice le But.

La Troisiéme est, que pour ne deroger en rien à la Pratique des Saints, à la Verité des choses, & à la Justice meme, l'on peut, & l'on doit tomber d'accord, qu'il y a eu, & qu'il y peut ancore avoir *une Jeunesse si vieille*, c'est à dire, si sage, et si bien faite et formée de bonne heure; douée
d'un

d'un Tamperamant si bon, et d'un Naturel si beau ; avantagée de tels dons d'Antandemant, de volonté, et de Talans Spirituels et Corporels; Prevenuë de tant de Grace, de Crainte & d'Amour de Dieu; d'Innocence, & de vertu; de sagesse, & de Pieté; & si avancée en Étude serieus; & en science vraymant Theologique & Chrétiene; en un mot si Accomplie, & si Achevée meme en ses comancemans, qu'elle a esté digne jadis, & ancore le peut estre, d'entrer dans les Charges Eclesiastiques devant le tams assigné; & pour le moins en faire queques fonctions moins influantes au gouvernemant, qu'il est sans doute toûjours bon de confier sur tout en Chef à la Vieillesse, ou à un juste Age avancé, pourveu que d'ailleurs il soit Prudent, Judicieux, & ancore assés fort, & Ecleré.

Certes on ne sçauroit desavoüer, que des Prophetes, des Apótres, et des Disciples de JESUS Christ, et des Anciens Peres et Pasteurs, aussi bien qu'Euangelistes, et que Diacres n'ayent esté promeus à leurs Charges Prophetiques, Apostoliques, et Euangeligeliques, asses jeunes, Dieu les ayant forméz luy meme propres à les exercer d'assez bonne heure ; et n'ayant pas attandu, qu'un Long Age les meurit ; non plus que proportioné, et que mesuré ses Graces à leurs Années.

En éfet il ne faut pas toûjours porter jugemant des Unes par les autres, veu que come dit le Sage, *la vieillesse ne doit pas étre jugée par les cheveux blancs, puis-qu'une vie bonne & pure en est une venerable* ; Et que David meme dit fort bien, que *tout jeune qu'il étoit, il avoit plus d'Antandemant que les vieillards*, aussi bien que Salomon son fils plus de Sagesse. Le recit qui se fait de Daniel temoigne aussi, que le Jugemant n'attand pas toûjours les cheveus blancs, come il n'y est pas aussi attaché, selon que fait voir la meme Histoire, qui attribuë plus de sens à un jeune home, qu'a deus vieus, et meme qu'à un plus Grand Nombre d'antre tout le Peuple d'Israël.

Il est vray, qu'il faut remarquer sur cela deus choses, l'Une, qu'ancore qu'on puisse prouver d'eus, qu'ils estoient *Jeunes*, et croire aussi avec juste

Sag. 4.

Ps. 119.

juste fondement, que Timothée et queques autres Disciples n'estoient pas fort Anciens, fort avancés en Age, et pour le moins comparativemant aus vieillards; toutefois il y a assez de preuves, qu'ils n'estoient pas aussi tout à fait Jeunes, et beaucoup moins, des Anfans; quand ils entrerent en Charge; et qu'a peu pres ils avoient bien les trante, ou vingt et cinq ans, que l'on desire, ainsi qu'il est assez aisé de faire voir en l'Ecriture, que ceus qui y sont només *Jeunes Homes*, ont atteint cet Age là, et parfois meme un plus grand. L'autre est, que Dieu a fait toûjours en eus queque merveuille, et les a Visiblemant prevenus de dons extraordinaires, non seulemant pour un acte de leurs charges, mais pour plusieurs, pour leur vie, et pour le constant aquit de leurs devoirs. Au Reste, pour dire le vray, et ne rien dissimuler, ajoutons franchemant, que si Dieu ne fait pas en la Jeunesse ces Merveilles, ou ne la previent pas des Graces singulieres d'Esprit et de corps; de science et de sagesse; de Conduite et de Pieté; de Parole efficace, de vie Examplére, & meme de singuliere authorité; on peut bien dire avec Raison, qu'il y a toûjours danger de pousser trop-tôt *une Jeunesse*, qu'on peut par là precipiter, où faire cheoir. Qu'il est toûjours dangereus de l'Elever trop haut, pour la faire tomber dautant plus bas, & de luy doner trop-tôt la Charge du Pastorat capable de l'acabler.

En éfet ne void on pas en queques Lieus des Jeunes Homes crever sous son poids, & ne le pouvoir long-tams porter, soit de corps avec santé, soit d'Esprit avec plaisir? N'en void on point aussi queques uns, à qui pour étre montés trop haut, la Téte torne non seulemant par vanité, & par orgueuil; mais par incapacité & par foiblesse? Décheans à veuë d'œil de la bonté de leurs premieres Actions, & ne pouvans en soutenir la solidité & la force par des Secondes, ou des dernieres, qui n'y répondent jamais bien? soit qu'ils ayent eu le tams d'Etudiër, & de travailler beaucoup les autres, soit meme qu'ils les ayent empruntées, ou pillées des Habiles Gens; copiées de leurs escrits; ou vetuës de leurs depouilles; ils ont brillé tout un tams,
&

& acquis beaucoup d'eſtime; & puis on eſt étoné, que leur bril paſſe, & que leur feu s'eſt eteint, dez qu'il a falu qu'il ſe norrit, & que luy meme ſe ſoutint.

Mais le pis eſt, que quand beaucoup de Jeuneſſe eſt avancée, & que les Egliſes s'en trouvent pourvcûes ou plutôt chargées, par la Charge qu'eus memes en ont; deus Grands Maus préque inevitables ſont pour arriver, & arrivent meme ſouvant: Le Premier eſt, qu'en Jeunes Gens ils ſont ſujets *aus Deſirs*, que Saint Paul apelle *de Jeuneſſe*, c'eſt adire, aus Ambitieus & vains, aus Indiſcrets, & aus Volages; à ceus des plaiſirs du Jeu, de la Chaſſe, de la Bonne chere, des Compagnies, & des divertiſſemens Mondains; & enſuite à la perte du Tams, à la fuite de l'Etude & du travail, & à une totale negligence de leur Charge, & de leur devoir. 2 Tim. 2.

Le Deuxiéme eſt, que les Egliſes en ſont d'une part ſcandaliſées, et en preneut un mauvais Exemple, pluſieurs memes de leurs membres moins pieus, s'en rendans plus Libertins, &

pour le moins plus hardis à negliger la Pieté, & à suivre leurs Passions; & que de l'autre les Eglises en tombent en mauvais Etat, & sont infiniment negligées, mal instruites, mal conduites, & qui plus est exposées à l'erreur, à la Revolte, & à toute sorte de desordres Scandaleus. Les Assamblées s'y passent sans Pieté, & sans grande Assamblée meme; les Sacremens s'y administrent sans fruit; & la Discipline s'y relache tellemant, qu'en peu de tams on n'en parle, come on n'en void aucunemant; & come on n'en pratique plus.

EXAMEN

De la Quatriéme Raison tirée du Défaut de bone vie.

C'Est avoir touché une Veritable Cause du peu de fruit du Ministere, qu'avoir découvert les Chefs precedans; mais en voici ancore un Autre, qui n'est pas moins pernicieus que celuy là, s'il se trouve dans le Pastorat. C'est *le Defaut de bone vie, & de bon Example en cet Etat.* Quoy donc?

si

si le mauvais y paroit ? Et si la vie est dereglée ? Ce Point en contient, & en dit deux Grands, l'un *Negatif*, l'Autre *Positif*. Le Negatif est, qu'un Pasteur ne soit pas Regeneré, ne soit pas Juste, ne soit pas Saint, & ne mene pas une vie pieuse vers Dieu, sobre vers Soy, & Juste vers le Prochain; En un mot, Bonne & vertüeuse en ses Paroles, en ses Actions, & en son Etat particulier & public, de Chrétien & de Pasteur : Le Positif est, qu'au contraire il soit Mondain & déreglé, vicieus, Inique, Orgueuilleus, Colere, Avaricieus, Mal-honéte, Convoiteus, Incontinant, Intamperant, & entaché de queque autre vice contraire Generalement au Christianisme, & Singulieremant au Pastorat, en qui les vices éclatent dautant plus sans doute, qu'ils se voyent, & qu'ils se Montrent de plus haut.

Il ne faut pas étre Chrétien, pour ignorer ce que l'Evangile veut qu'on soit; Et luy meme ne souffre pas qu'un Pasteur ignore ce qu'il doit étre. JESUS Christ *le Prince des Pasteurs, & le Souverain Eveque des Ames*, s'en est trop bien expliqué en plusieurs

Lieus de l'Euangile, & sur tout au Dixiéme Chapitre de celuy, que son Bien aimé Disciple, & Fidelle Pasteur Jean a écrit. Saint Paul en a aussi trop bien deduit les Qualitez en ses Letres à Timothée, & à Tite, pour ne sçavoir pas combien un Pasteur doit être *Bon, Charitable, Vigilant, Soigneus, Examplaire, Attrampé, Hospitalier, Honete, & Conduisant honetement sa Maison; Non Colere, non Bateur, non Quereleus, non Avaricieus, non Sujet au Vin, non Convoiteus de Gain deshoneste; mais Sage, Juste, Saint, & Continant.*

1 Tim. 3.
Tit. 1.

C'est par là qu'un Pasteur se doit Juger, & doit aussi estre Jugé. C'est à ces Caracteres qu'il doit estre cognu & se cognoitre. S'il ne les a pas, mais a les Contraires, il doit avoir mauvaise opinion de Soy, & meme de son Pastorat. Il se doit condamner come n'etant pas bon Chrétien, & bon Fidelle; & par consequent ancore moins bon Pasteur. Comant donc en faire bien d'une part les Fonctions, n'estant pas Home de Bien? Et comant de l'autre profiter à un Troupeau, & le randre Bon, s'il n'est n'eſt ny bonne Brebis, ny bon Berger?

Certes la choſe eſt impoſſible, & nous ne voyons point, que d'ordinaire Dieu ſe ſerve des Mechans pour faire de Bonnes Choſes; & ſur tout pour convertir des Mechans, & pour en faire des Gens de Bien. Le dire comun eſt bon, que *la Colombe, qui eſt le Saint Eſprit, ſe ſert des Anfans de la Colombe, qui ſont les Saints de l'Egliſe pour faire des Colombeaus.* Et l'on ne void jamais, que Satan, & ſes Supots; Le Monde, & ſes Partiſans; Les Mechans, & leurs Complices ſoiënt amployez à Regenerer les Homes, à produire des Anfans de Dieu, à faire des Saints, & des Gens morts au Monde, & à eus memes; à Ravir au Diable & à l'Anfer des vaiſſeaus, qui devienent ceus de Dieu, & qui le ſoient du Ciel un Jour.

En éfet qu'elle apparance, que par Exemple un Paſteur Ambitieus, Orgueüilleus, & vain; qui ne panſe qu'a élever aus Grandeurs, & aus Honeurs ſes Anfans; ou qui eſtant ancore Jeune, & pour le moins non aſſez humble, ſera Pompeus en ſes habits, ou en ses Ameublemens; où estant anflé de propre Estime, & boufi d'Orgueüil; affectera de Dominer, & de Paroitre; & en efet paroitra méprifer les autres, & non feulemant les Pauvres, mais meme les Gens d'honeur; Quelle aparance qu'un Pafteur famblable perfuade aux autres d'eftre humbles de cœur & de corps? d'eftre Modeftes en habits, en meubles, & en Depenfe? & de s'affujetir à toute Home pour l'amour de Dieu, pour beaucoup qu'il le preche, & qu'il le die, fi luy meme paroit en Chaire avec une Chevelure qu'il norriffe; en rubans dont il foit couvert; en langage fardé & peigné; en Pofture fuperbe dans les Rues; en vafes d'or & d'Argent en fa Maifon; et en riches Peintures, Tapifferies, Dorures et Ameublemans, dont fes Murs foient revetus, fes chambres parees, et tout fon Logemant efclatant?

Commant un Predicateur, ou Pafteur Avare, Intereffé, Ufurier, Cupide, Convoiteus de gain des honete, ou d'aumones et de Prefans; Qui aura fon cœur et fes yeux ouverts; fes mains etanduës; et fes piez courans aus
Biens

Biens de ce Monde, et aus Richesses; Qui prestera à l'usure, qui metra tout son tams, aussi bien que son Affection au Trafic, au Negoce, et au gain, ou inique, ou deshonete; pourra-t'il persuader le Detachemant du Monde, le Pret charitable et gratuit, la Liberalité aus Pauvres, la Restitution du Bien mal aquis, et des usures? Pour beaucoup qu'il preche Zachee restituant meme au quadruple; Mathieu quitant le Peage; le Mauvais Riche damné, le Diable montrant, et voulant donner les Royaumes du Monde, et les Thresors de la Terre; et JESUS Christ au contraire recommandant ses Membres, Commandant la Charité et l'Aumone, et Prometant de donner aus Charitables pour Recompense le Ciel?

Commant se pourra-t'il faire, qu'un Pasteur, ou Colere et vindicatif; ou Chicaneur et Amoureus de Plaiderie; ou adonné au Vin, et à la viande, à la Bonne Chere, aus Delices, et aus Divertissemans; ou qui pis est meme Libertin en ses discours, et en sa Conversation; peu retenu en ses Paroles; et peu honnete en ses Deportemens;

puisse persuader les autres d'etre Debonnaires et dous de cœur ? Relachans de leurs droits, et souffrans plutôt perte, ou Injure, que se mettre en danger d'en faire ? de remettre leurs differans à des Freres plutôt qu'a des Juges ? retenir leurs langues & leurs mains ? Pardonner & demander méme pardon ? Mortifier ses passions & ses Appetits ? Crucifier sa Chair & ses sens, & menér une vie Chaste, sobre & Exemplaire en toutes choses ? Pour beaucoup qu'il preche les Maximes Euangeliques d'aimer les Ennemis; de faire du bien à qui fait du mal; de ne rendre point injure pour injure; de pardonner de bouche & de cœur; de ne plaider point, & plutôt que le faire, donner sa Robe, & laisser aller son sayon; de prandre garde, qu'on ne soit greué de viande, ou de Vin ? Que n'y les larrons, ny les Paillards, ny les yurognes n'auront part au Regne de Dieu ? Que les Homes randront compte des Paroles méme oisives ? Qu'il faut se renoncer soy méme, prandre & porter la crois chaque jour, la Mortification de Jesus Christ, & ses oprobres; Et que ceus qui sont de luy, crucifient
leur

leur Chair & leurs Convoitises avec elle incessamant?

Anfin commant un Predicateur, & un Pasteur, qui n'aura point de Pieté, de crainte & d'amour de Dieu; qui ne montrera pas une grande foy en Dieu & en JESUS Christ; en la Verité de l'Ecriture & des Mysteres; & qui n'aura point de zele pour tous les Exercices de la Religion Chrétiene; Mais au contraire sera come Indifferant, ou paroitra tel, & qui pis est Libertin; peu touché des choses Saintes, & de leur Pratique, aussi bien que de cele des vertus; pourra-t'il veritablement persuader les autres de beaucoup craindre & aimer Dieu? d'avoir foy en JESUS Christ & pratiquer sa Doctrine? de s'adonner entieremant à la Pieté, & aus Bonnes œuvres? puisque luy méme montrera n'en faire aucun cas? ne tenir à la Religion, que par Education, & par Coutume, ou méme par Interet? N'avoir ny zele, ny soin, que les Dogmes en soient bien creus, & les Maximes pratiquées?

Au contraire qui ne void, que c'est une Porte ouverte au Relachemant, & qui pis est au Libertinage? & que
quand

quand on precheroit en une Eglise jour & nuit ; qu'on y prieroit matin & soir ; & qu'on n'y cesseroit d'y faire de continuels exercices, avec tout zele apparant, & méme effort de bien faire son devoir au moins de la Parole & de la vois ; la main Pastorale ne faisant pas le sien, & la vie n'étant pas conforme à la Doctrine, c'est vouloir bâtir, & ruïner en méme tams ? C'est apeller d'une main le Monde, & c'est le chasser de l'autre ? c'est mettre les Gens dans le Chemin, pour y antrer, & en méme tams y jeter des pierres d'achopement, pour les en faire sortir ?

O qu'il est ordinaire, aussi bien que Naturel à un Peuple Corrompu de dire, un Tel n'est pas Bon Pasteur, je n'ay que faire d'étre bone brebis, ou bon Troupeau. Il dit, & il ne fait pas, pourquoy fairois je ? ou il est Athée, ou il est Pharisien. Il faut qu'il n'ait pas la vraye Foy, puis qu'il n'en a pas les Oeuvres. S'il croyoit les choses qu'il dit, il les fairoit. Pourquoy les fairions nous mieus, ou les croirions nous plus que luy ? Il doit croire la Religion un Amusemant ; ou un Abus,

bus, puis qu'il s'abuse & nous amuse de la sorte. Qu'il parle des mains, & nous le croirons un peu plus, que quand il ne parle que des levres. Sa Bouche est bien prés de Dieu, ou Dieu prés d'elle, mais son Cœur en est antieremant éloigné. Il est bien Scribe & Pharisien. Il met sur nous des fardeaus du tout Importables, qu'il ne remuë, & qu'il ne touche pas méme du doigt.

Certes c'est bien pour cela sans doute, que les Prédications sont Inutiles, & que nous voyons si peu de fruit du Pastorat. Que quequefois un Vain, un Avare, un Libertin, un Mondain, un Fourbe preche des dix, & des vingt ans sans en faire aucun; sans convertir un seul Cœur, & sans randre une Ame pieuse, debonnaire, simple, detachée, & amoureuse de Dieu: Il est vray, que nous pouvons prandre & donner cete juste Consolation aus Pasteurs, & aus Eglises, qu'il est en plusieurs lieus assés rare, de voir des Predicateurs & des Pasteurs sçandaleus; & que quand méme il y en a, ils ne sont ny approuvés, ny tolerés des Gens de bien.

Seu-

Seulemant y en a-t'il, qui se plaignent, que parfois ils ne sont pas assés tôt, ou Reprimés, ou Démis. Qu'il peut arriver peutétre, qu'une trop grande Charité les souffre. Que l'Amitié particuliere, ou la Puissante Paranté ne les soutienne. Qu'un peu de lacheté ne les choye, ou que beaucoup d'Indifferance ne les laisse que trop fare. Si cela étoit il en faudroit reconoitre & corriger le Defaut, en apprehandant d'une part le Jugemant de Dieu, & de l'autre la Ruïne des Eglises. Ce seroit comettre le Peché d'Hely, que d'épargner en ce cas là méme ses Anfans; & si nous trouvons des Rois, qui en Politique n'ont pas voulu pardonner à leurs Anfans, & si nous trouvons des Pasteurs, qui n'ont pas epargné des Rois; Hé commant s'en trouveroit il, qui épargnassent des Pasteurs mémes? Et qui tolerassent de tels Pechés, & une telle Lepre en eus?

Ce seroit le moyen de la donner aus Brebis, & non seulemant d'empecher, qu'elles se portassent bien; mais les Infecter entiéremant. Il a esté bien dit par le Seigneur JESUS se disant le *Bon Pasteur*, qu'en éfet *le Bon marché devant*

devant le Troupeau, & que les Brebis *Jean 10.*
le suivent; & par Saint Pierre, & Saint
Paul, qu'il doit être non *le Domina-*
teur, mais le Patron du Troupeau, & *1 Pier. 5.*
l'Examplaire, sur lequel il se devoit *Phil. 3.*
mouler, & regler entieremant. Ce qui *1 Tim. 4.*
marque, combien il doit être reglé luy *Tit. 2.*
même, & non seulemant fuyr le mal,
mais faire le Bien, & loin d'être
en mauvais Example à ses brebis, leur
en donner toûjours un Bon.

C'est lors qu'il le fait, & que sa vie
est conforme à sa Doctrine, & prèche
autant, ou plus que sa bouche; que Veritablemant elle est Efficace, aussi bien
qu'il est Effectif; c'est à dire qu'il con-
vainc les yeus & les oreilles à la fois;
les Cœurs par les Oeuvres, aussi bien
que par les Paroles; & produit autant
de fruit par sa Conversation, que par
sa Predication. Celle-cy reçoit vertu
par celle là; & la Parole qui sort d'un
cœur & d'une bouche, qui fait remuër
les mains, non seulemant en gestes de
contenances, mais en vrais *Gestes,* c'est
à dire en Actes de Pratique Sainte, &
en toute sorte de bonnes Oeuvres; est
sans doute cele qui frape le plus, qui
porte coup, & double coup à la fois; &
qui

qui entrant avec Energie par la veuë & par l'ouye dans le Cœur, s'y fait une voye large, y prand place, & y regle tout.

Qu'ainsi ne soit, a-t'on jamais veu Prophete, Apôtre, Euangeliste, & vray Envoyé de Dieu, qui étant homme de Bien, & préchant come Tel, & come Puissant en Paroles & en Oeuvres, n'ait en éfet esté Puissant sur les cœurs pour les convertir? & pour les amener Captifs à Dieu en obeissance de Foy, & en Pratique de Pieté? A-t'on veu des Pasteurs de bonne vie, & de grand zele ne profiter pas à leurs Troupeaus? Et ne les pas faire croitre, engraisser, & se fortifier en toute Vertu sous leurs yeux & sous leurs mains? Les a-t'on veus parler, ou agir en vain? Et par contre n'a-t'on pas peu remarquer la Grande Moisson des Ames, & pour le moins des fruits des Ames, qu'ils ont cueüillie de leur semence, & de celle de leurs travaus? Ce ne sont pas seule-
Jean 25. mant les Apotres, qui *sont envoyés,*
16. *& mis, pour porter du fruit; Tout bon*
Mat. 15. *arbre en fait,* ainsi que dit JESUS Christ, & sur tout *le Pastoral,* que le Pere plante, que le Fils soutient, & que

que le Saint Esprit rand fecond. Il doit être Puissant non seulemant en paroles, mais en Oeuvres, pour être *Bon*. Anfin c'est l'Arbre Pastoral, qui doit avoir la Racine vive, le tronc Fertile, aussi bien qu'il a le Faîte haut.

EXAMEN

D'une Cinquiéme Cause, ou Raison tirée du Défaut de zele.

UNe Source en descouvre une autre, aussi bien en mal, qu'en bien. Si *la Negligence de la bone vie*, est une des Principales Causes du peu de Fruit du Ministere; *La Tiedeur du zele*, la Negligence du Troupeau, & le defaut de vigilance & de soin Pastoral, n'en est pas une moins dangereuse en sa façon; & parfois même plus contribuante, que n'est le mauvais Example, à rendre les Troupeaus mauvais. La Raison en est, qu'ils peuvent laisser faire leur Pasteur, sans l'Imiter; *faire ce qu'il dit*, (come enseigne l'Evangile) *& non pas faire ce qu'il fait*; Ses Moeurs n'étant pas la Regle des Autres, mais la Parole de Dieu, qu'il dit, quoi qu'il ne la fasse pas.

Que si la disant, il manque de zele, & ne l'anime aucunemant. S'il n'a point d'Esprit de Dieu, & n'an done pas à ses discours: S'il ne parle point du Cœur, *& si de son Abondance ses Paroles ne montent pas à sa bouche*: S'il recite ses Preches, come une leçon, ou méme come une Chanson, ainsi qu'il n'en est que trop qui les prononcent en chantant; & s'il n'aporte ny feu, ni flame en la Chaire, & ne les jete méme de sa Bouche, les espandant de tous Cotéz; Quel moyen qu'il anime son Auditoire? Qu'il brûle les Cœurs de sa Parole, comme JESUS fit de la Sienne? Qu'il seme le feu dans le Corps de son Eglise, & qu'en chantant, il fasse pleurer le Monde, ou l'Eueille méme en l'endormant?

Mais si par dessus la Negligence de la Predication, il a celle de Toute sa Charge, & laisse aller son Troupeau à l'Abandon, luy permetant qu'il se dissipe; Qu'il soit Errant & Libertin; qu'il suive ses Apetits, & ses passions; Et s'il n'a soin ni des Grands, ni des Petits; ni des Sains, ni des Malades; Ni des Ignorans, ni des Sçavans; ni des Povres, ni des Riches; & ne se mele mêle de la Conduite, ni du Corps de l'Eglise en General, ni de ses Membres en particulier; y a il d'Aparance, que ce Pasteur Sterile fasse du Fruit? & que pour long-tams qu'il Preche, ou qu'il demeure en une Eglise, il la fasse Croitre, ou l'ampeche méme de decheoir?

Nous voyons, que par tout il faut du Feu. Qu'un Corps ne se meut point sans une Ame. Qu'un Grand Etat a besoin d'un Grand Genie. Qu'un ardant Chef, ou General est l'Ame de son Armée, & que sans zele pour son Prince, ou n'avance guères ses Interets. Il faut étre vigilant en toute afaire, pour y reüssir; & quelque employ, que l'on ait entre les mains, étre agissant, & soigneus.

Une Terre ne porte point qu'on ne la Cultive bien. Un arbre Fruitier veut étre émondé, pour porter du Fruit. Une Maison veut étre entretenuë, & reparée pour rester en bon Etat. Le Betail méme demande, qu'on ait soin de luy; afin qu'il puisse ou porter, ou travailler. Combien plus en a besoin un Troupeau, & de Brebis, & d'Aigneaus? Combien plus aussi en est il digne? & merite il d'être norri d'être abreuvé, d'être conduit, & d'être Gardé soigneusemant?

Nous sçavons assez, Combien Dieu en recommande l'Amour, le soin, la Garde, & la Conduite. Nous sçavons combien il blâme les Pasteurs Negligeans, ou Lasches. Come il les apele *des Idoles, des Guetes Aveugles, & qui plus est non des Bergers, mais des Bouchers de Brebis*: Nous sçavons combien il louë *le Pasteur Bon & Soigneus, qui court aprés sa Brebis errante, qui panse la Blessée, porte la Boiteuse, & s'efforce de guerir la Malade,* ou langoureuse. Tout cela doit Obliger le Pasteur à son devoir, & le piquer de Grand zelé de profiter à son Troupeau.

Jean 10.

On en a pour l'Ordinaire à l'entrée de la Charge, & dans le premier Bouillon du Pastorat. Come Toute Nouveauté, non seulemant plait (ainsi qu'on dit) mais frape d'abord, Un jeune Predicateur est tout zele, s'il n'est pas tout Vanité. Sa jeune ardeur luy fait bouillir le sang dans les veines, & le fait brûler de desir de Couvertir tout le Monde, s'il est assez heureus, ou ou vertuëus, pour n'avoir pas celuy de Complaire à tout le Monde, & de profiter pour Soi. Mais d'une fois, que cette Pointe est émoussée, & que cette Eau bouillante se refroidit, on ne vit jamais Rien devenir si Tiede, & qui plus est, si glacé.

O si Nous Retenions toûjours la premiere ardeur, que nous avons! ô si nous Continuïons, come nous avons coutume de comancer! ô si nous disions tous les jours, *nous Comanssons*, ou, *il nous faut comancer*! Et ne rabations jamais rien de la hauteur, ou de la force de notre air; ne Ralentissions en rien notre course; Que nous marcherions viste, droit, & bien! Que nous Avancerions chemin; Que nous ferions de besogne, & qui plus est un grand Oeuvre!

Ce seroit alors, qu'on verroit du Fruit de nos Predications & Catechismes, de nos visites de Malades, & des familles Chrétienes. De nos Conversations avec toute sorte de Persones, & de nos entretiens Spirituels, dignes de nos Charges Spirituelles; puis qu'elles sont Eclesiastiques, & ne Regardent pas le Temporel : Mais si l'on l'on nous void d'une part ardants pour le Temporel méme, zelez pour nos Interets, atachez à notre Lucre, & vigilans à nos afaires; Et de l'autre Indifferans aus choses de Dieu; Secs, & languissans d'Esprit; Morts, Mornes, & lents dans les exercices de la Pieté; & faisans par Maniere d'acquit notre devoir; quelle Edification en peut on tirer, & quel fruit en doit-on atandre?

Certes c'est le moyen de tout grêler, de tout secher, & de causer une Sterilité generale; Et come il arrive d'Ordinaire, que *Tel qu'est le Pasteur, Tel est le Troupeau,* s'il n'y a pas d'Ame Et d'Esprit de zele an l'un, comant y en aura-t'il en l'autre? Delà viendra qu'une Eglise sera bien-tôt un corps sans ame, n'en ayant ni à la teste, ni à la Bouche, ni aus bras, ni aus mains, ni aus pieds, ni peut étre meme au Cœur. La Religion sera comme un Phantome, ou un Home peint; un Arbre mort, & pour le moins Sec; & toutes les Actions Religieuses, pour la plus part des Oeuvres mortes, & pour le moins peu animées. Des Oeuvres qu'on nome *Oeuvrées*; & au plus

faits,

faites, ou parce qu'il les faut faire, ou parce qu'on a Coutume de les faire, & qu'on trouveroit un peu Etrange, qu'elles ne se fissent pas.

EXAMEN

D'une Sisiéme Cause, ou Raison tirée du Défaut d'Onction Divine.

UNe chose engage en l'autre, & le Defaut du zele nous oblige, non seulemant à decouvrir, d'où il peut venir ; Mais encore à declarer une autre cause du peu de fruit du Ministere, qui est sans doute le *Manquement d'Onction Divine*, de Grace sansible, & de touchemant du Saint Esprit, dont quelquefois on est privé, ou pour queque tams, ou pour long tams, ou pour toûjours.

Il n'est rien de si constant, come en priemier lieu, la Verité de ce mot Comun, *Qu'il faut être touché pour toucher ; meu pour emouvoir ; & pleurer, pour faire pleurer.* En Second lieu, qu'il n'est rien aussi, qui dans la Nature fasse mieus aller l'essyeu des Rouës, que si elles sont graissées. Qui fasse mieus jouër, & remuer des Ressorts, que l'huile; & dans la Grace mouvoir, & agir les Homes, que l'Onction de Dieu, & l'huyle de son Esprit.

En Troisiéme lieu, qu'il n'est rien aussi, qui ait fait si heureusemant, & si gayemant aller, venir, & travailler les Prophetes, les Apotres, & tous les Saints Envoyez de Dieu, que cet Esprit d'Onction celeste, & de Grace Spirituelle, qui a oint Jesus-Christ meme, & tous les Siens; & qui leur a fait dire, *le Seigneur m'a oint, & m'a envoyé Euangeliser.* Et ensuite aussi dire de luy, & de chacun d'eus, *la Grace est épanduë en ses leures; pource que ton Dieu t'a oint.* Elle l'est bien aussi dans les piez, & dans les mains, pource qu'elle fait aussi bien aller, & marcher; agir, & fructifier un Pasteur; qu'elle le fait parler, & Precher.

Ez. 61.
Luc. 5.
Ps. 45.

L'Experiance a verifié, & verifie ancore tous les jours ces choses, le cœur oint de Dieu faisant monter l'huile à la Bouche; & un Grand Santiment Interieur de Grace, & de Verité se faisant exterieuremant santir aus levres, & aus Paroles qui en sortent; & qui laissent

laiſſent la marque d'huile ſur les Cœurs qui les reçoivent. Il ne ſe peut qu'un Home touché, ne touche; & qu'étant en Feu, il ne brûle ceus qui s'aprochent de luy. Il leur jete méme le Feu de loin, & leur fait prandre flame ſeulemant à le voir, & à l'ouïr.

Ainſi Moyſe Remuë tout Iſrael, & deſſandant lumineus de la Montagne, l'Eblouït. Ainſi Debora excite Barach, & tout le peuple. Samuel l'anime pluſieurs fois. David en ſes Pſeaumes nous émeut ancore. Eſaye fait tout trambler. Jeremie tout pleurer. Ezechiel tout craindre, & Zacharie tout eſperer. Jean Baptiſte nous efraye. Chriſt nous gaigne. Pierre nous fait Repantir. Paul nous encourage. Jean nous eleve. Tous les Homes Divins nous raviſſent, & il n'eſt rien de ſi vif, de ſi touchant, de ſi perçant que leurs Paroles, & que leurs écrits.

Les Orateurs du Monde, les Declamateurs humains, qui plus eſt, les Comediens, & les Faiſeurs de Perſonages Empruntés, pour peu qu'ils entrent dans les Santiments de ceus qu'ils repreſantent, dont ils parlent, & qu'ils font parler; & s'ils revetent tant soit peu leurs Passions, & leur air. Ils excitent bien celle des autres, & font epouser les leurs ; Impriment à leur tour Amour, Hayne, Crainte, Esperance, Tristesse, Joye, & toute sorte d'affections, & de mouvemans dans les Juges, ou les Auditeurs, qui les ecoutent ; Et un Pasteur animé de Dieu, plein de son Esprit, touché de son doit, agité de ses Mouvemans, n'en causeroit point aus autres ? parleroit sans les emouvoir ? seroit veu, & oui d'eus, sans qu'ils en fussent touchez? Et produiroit au dehors toute la vertu de Dieu, dont il est plein au dedans, sans ébranler, sans abatre, & sans ranverser les Cœurs ?

La chose n'est pas Croyable, puis que la vertu de Dieu est plus Grande, que celle de l'Home. Puis que, (come dit Saint Paul) *ce qui est foible de Dieu est plus fort que tout le Monde.* Et que l'Esprit du Seigneur, est bien plus vif, plus agissant, plus penetrant, & plus Energique, que celuy de tous les Poëtes, Orateurs, & Declamateurs humains. D'ailleurs aussi l'home de Dieu, qui en est meu, & animé, est bien autrement emporté, & emportant, voi-

rè Transportant, pour Transporter aussi les autres; que tous ceus qui se disent humainemant, ou Diaboliquemant Enthousiastes: Non pas que les Sains en ayent les exces vicieus, les fureurs Bacchantes, & les mouvemants desordonez; Mais bien ont ils la vertu, la solidité, la Hardiesse, & l'energie de l'Esprit de Dieu, qui s'apele *Puissance*, & *Domination* meme en l'ecriture, *pour assujetir tout Cœur, & l'amener Captif sous l'Obeissance de la Foy; abatre toute Puissance, qui s'éleve; & humilier toute teste, sous la Puissante main de Dieu.* Rom. 7.
I Cor. I, v. 2.

Suivant cela, veu que ces effets sont Rares, & que nous ne voyons gueres de ces coups, il faut bien dire, qu'il y a peu de Grace sensible, de touchement d'Esprit, & d'Onction de Dieu en plusieurs; puis qu'on ne les oit point parler de cete abondance de Cœur, de cete plemitude d'Ame, & de ce Santimant Interieur des choses, qu'ils prechent, des Misteres qu'ils anoncent, & des Verités qu'ils traitent? Faudra-t'il penser, que de ce que ces Rouës ne vont point, elles ne sont pas bien graissées, & ne sont pas come celes

celes du Chariot d'Ezechiel, *qui se mouvoient d'Impetuosité d'Esprit, & par son soufle?* Que de ce que ces bouches ne consolent point, & n'adoucissent ni maus corporels, ni maus Spirituels; C'est faute d'huile, & de miel? Et qu'enfin de ce que des Auditeurs ne sont point touchez de ce que l'Orateur dit, vient de ce qu'il n'est pas touché lùy meme ; & qu'aucun ne peut donner ce qu'il n'a pas?

Ez. I.

Certes c'est bien de là, que pourroit venir une Partie de l'Inutilité de nos Sermons, de nos exhortations, de nos Consolations, & de nos Prieres : Et c'est bien à nous à voir, si par éfet nous préchons, nous exhortons, nous consolons, nous Prions bien Meus de Dieu, & santans bien au fonds du Cœur, les Choses que nous proferons de bouche. C'est à nous de voir, si nous ne Prions point par habitude, & plus par Cœur, que de Cœur ; C'est à dire plus par memoire, & par Compte fait ; ou pour le moins par Composition, Arrangemant, & souvenir de mots retenus, que par Veritable Affection, Devotion, & Application d'Esprit. En un un mot si nous ne Prions, ne Prechons, ou n'exhortons point, aucunemant en Hypocrites, si non de Malice, & de Trahison, au moins de queque Dissimulation, & d'apparance, payans plus de mine, que d'éfet, & montrans de Corps, plus de Pieté, & de touchemant Divin, que nous n'en avons en Verité, & dans l'Esprit.

Mais ancore (dira peutétre quelcun) commant peut-on bien prier, sans avoir l'Esprit de la Priere? Comant bien parler de Dieu, si l'on n'en a pas de sentimant? Comant exhorter les autres à se convertir n'etant pas converti soy meme? Comant pretandre toucher, sans estre touché, & de quel Front oser lever la Téte, aussi bien que les mains au Ciel, si l'on n'y a pas le Cœur élevé?

En éfet c'est un prodige, & il y a dequoy s'étoner, que cela se puisse faire, & beaucoup plus, qu'il se fasse: Mais aussi, quoy qu'il se fasse, que se fait il? Quel fruit en revient il, soit à ceus qui parlent, soit méme à ceus qui ecoutent? Au particulier, &

an public ? Quelle Grande Edification, ou fruit au moins conſtant, & abondant en retire-t'on ? Les Pecheurs en ſont ils Convertis, & les Pechez abatus ? En eſt on plus amandé, pour faire le Repantant ? En eſt on plus humble, pour avoir paru humilié ? & toute la Pratique de la Pieté faite de la ſorte, n'eſt elle pas une belle Eſcorce, qui n'a point de Corps, c'eſt à dire de ſolidité ? ou ſi elle a du Corps, c'eſt à dire de l'aparence, & un eclatant dehors, a-t'elle d'ame, & n'eſt elle pas tout à fait morte, & antieremant creuſe au dedans ?

Nous pourrions bien ici nous Plaindre, que preque tout le Chriſtianiſme eſt ainſi reduit à une Peau, & n'eſt preque plus qu'un Squelete, qui couvre de Cuïr Ridé queques os ſecs. Qu'il eſt une eſpece de Phantome de Pieté, qui quant à elle, & aus vertus, en a les traits, & le viſage ; mais come un Fard, & une couleur apliquée à un Tableau ; ou à une face de bois. Mais nous ne faiſons pas état icy de parler du peu de fruit vraymant Chrétien parmi les Chrétiens, & dont eus memes ſoient la cauſe ; Nous parlons du
Pa-

Pastorat, & tachons de nous instruire de ce² qui fait, qu'il n'en produit point, ou qu'il en produit tres peu.

Le *Défaut de Grace*, *d'Esprit*, & *d'Onction* en est bien une, à laquelle il faut tacher d'aporter queque Remede, tel qu'est la Priere puis que les Dons de Dieu ne s'obtienent qu'en les demandant. Tele qu'est ancore la Retraite, & la Meditation de l'Ecriture, & des Misteres; puis qu'elle meme est la nois, ou plutôt l'olive, d'ou cet huyle, & cete Onction decoulent. Tele qu'est meme la Sainte Conversation, & l'Entretien des Homes de Dieu, qui l'epanchent au tour d'eus, & la laissent aprés eus, aussi bien que leur bone odeur.

Mais peutétre nous sont ces Pratiques peu conuës, ou ces exercices ennuyeus? Peutétre nous déplait parfois la solitude, quequefois ou par trop aussi la societé Sainte & Chrétiene? peutétre nous plaisons nous trop au Monde, & le goûtons trop, pour gouter Dieu? Peutétre avons nous queque peur de devenir trop Spirituels, ou de nous engager trop à étre Saints, ou à l'étre plus que le Comun? Certes si cela étoit,

toit, nous serions bien aveugles, & bien Malheureus. Nous cognoitrions bien peu notre Vocation, & nos devoirs; & serions ancore moins en état, & en Disposition de nous en bien aquiter.

Qui ne sçait que les Pasteurs, sont Obligez d'enseigner les voyes de Dieu? Hè Comant les enseigneront ils, s'ils ne les sçavent? & Comant les sçauront ils, s'ils ne les eprouvent? Est il persone, qui ne sçache, qu'ils doivent conduire les Ames, & les conduire en toute sorte de Chemins, de Consolation, & d'Affliction? De paix, & de trouble? d'abondance, & de Sterilité Spirituele? d'Aridité, & d'Onction? Hè comant le Pourront ils faire, s'ils n'ont cete Onction méme? S'ils n'ont passé par toutes ces voyes? & s'ils ne sçavent comant il y faut marcher?

Que s'ils rancontrent des Ames élevées en Esprit, à qui Dieu se comunique, & qui comuniquent plus Privemant avec Dieu, qui reçoivent de luy des Illustrations, des lumieres, des santimants, des touchemans, des Graces, & d'autres dons non comuns? s'ils s'ils trouvent des Ames en qui Dieu ſoit ſingulieremant, Jesus habite, & ſe faſſe ſentir en eles & à eles, d'une particuliere faſſon? En qui enfin le Saint Eſprit opere en la ſiene des éfets dignes de luy; Que feront des Paſteurs, Conducteurs, ou Directeurs de ces Ames, ſi leurs Paroles, leur ſont des enigmes! ſi leur voyes leur ſont inconuës, & s'ils ne ſçavent pas meme, au moins par expériance, ou par ſentimant Divin, s'il y a un Tel Eſprit, & de ſamblables Operations de luy.

Certes c'eſt à nous de voir, ſi de Teles Graces nous manquent, & ſi l'on a juſte Sujet de ſe plaindre, que nous ne ſomes pas aſſez Spirituels, pour étre tenus, come on nous tient, pour des Maitres, & des Conducteurs Spirituels. Que nous le ſomes peutétre mémes, plus charnels, ou pour le moins plus Temporels, que Spirituels. Que nous ne nous adonons pas aſſes à la Retraite, à la Contamplacion, & à la Priere de l'Eſprit. Qu'en un mot nous ne ſantons pas aſſez l'huyle, & l'Onction de par le Saint. Et que nos Sermons Santent bien plus cele de l'etude, que cele de l'Oraiſon.

EXA-

EXAMEN

D'une Septiéme Cause, ou Raison tirée du Defaut d'une vraye Vocation Pastorale, Divine, & Interieure.

Nous avons Graces à Dieu jusques ici (Mes Freres) decouvert des choses fort Importantes au Pastorat & à ceux qui s'y trouvent *Apellés*; Maintenant il samble tams de dire un mot de *l'Apel* méme, dont il est d'autant plus à propos, que nous parlions, que par éfet peutétre, ainsi que queques-uns soupçonnent, queque manquemant d'une Vocation Pure Divine, ou de queque sienne Grace dans l'ordinaire Vocation, peut en queque façon étre la Cause du peu de fruit du Pastorat, & des Fonctions qu'il faut faire en l'exerçant.

Les choses memes, que nous venons de deduire, & les derniers Chefs, que nous avons marqués, comè causes en partie de ce peu de fruit, semblent en queque maniere liées à celle-cy, & qui plus est en deriver ; puis qu'il qu'il samble que de ce qu'un Pasteur n'aura par example ni soin, ni zele, n'aura ni sentimant, ni Onction, & méme vertu, vie, Qualités & efficace Pastorale; il samble, que cela vient, de ce qu'il n'a point du tout, ou n'a pas assés, & en suffisant degré, la Grace de la Vocation, & partant aussi au vray *la Vocation Pastorale.*

Par elle il ne faut pas antandre l'humaine, ou meme l'Ecclesiastique Ordinaire, car Dieu mercy elle ne manque point en ce Tams, auquel on n'est pas beaucoup en peine, au moins en beaucoup de lieus d'examiner ceus qui se produisent sans être Apellés des Hommes, & sur tout de quelque sorte de Corps, qu'on dit representer une Eglise, & qui quoyque peu en nombre, font pour le Tout, & font Tout : Au contraire Plusieurs pansent, & méme disent, se plaignans toûjours de quelque Excés, & se croyants en cela Justes Chagrins, & quereleus bien fondés, qu'il n'y a pour l'ordinaire, que trop de Vocation humaine; la Vanité, ou l'Avarice, & quelquefois

O 2 fois

fois toutes les deux faisant celle d'un Pauvre, ou vain Etudiant de son coté ; la Paranté & sa Decharge, sa Brigue & son Credit la faisant de l'autre, & parfois memes la Recognoissance d'un Bien fait receu, ou la Recompanse d'un service contribuant beaucoup, non seulemant à Apeller, mais à pousser, mais à Ingerer, & à fourrer de gré, ou de force un Cliant, ou un Ami, qu'on pretand parfois faire Valet, le faisant Maitre, ou Ministre, qui veut dire *Serviteur*.

Ce n'est pas, que quand les ordres seroient bien gardés, & qu'un Corps effectif, & Total d'Eglise, ou méme Representatif & Partiel, seroit bien pourveu & meu ; auroit les lumieres, & les sentimans qu'il faudroit bien, & Detaché de tous Interets fors de ceux de Dieu, de JESUS Christ, & des mambres de l'Eglise ; de la Gloire des uns, du salut des autres, & du leur propre, ne fut pour rancontrer bien, & pour faire une Vocation Divine-Humaine, qui pourroit étre dite bonne, vraye, & Accomplie de tout point ; come en éfet celles de l'Eglise se Primitive le furent aus tams de la Vocation de Mathias, de celle des Sept Diacres, & de divers autres, que les Eglises en Corps envoyerent çà & la ainsi que nous le lisons dans les Actes des Apôtres.

Mais par malheur depuis ce bienheureus Siecle, & peu d'autres, les Eglises n'étant pas restées dans leur ferveur, & vigueur premiere; ou pour le moins n'y étans rentrées que peu, & même en fort peu de lieus, pour peu de tams; on n'a veu que raremant de ces Bonnes & Belles Vocations mélées, qui eussent des Caracteres, & des marques preque visibles, que Dieu, & les Homes s'étoiënt joints extraordinairement, ou pour le moins tres particulierement, pour Apeller d'un sentimant comun des Homes, & pour les faire des Singuliers Pasteurs en les faisant des Gens publics. Tels furent sans doute après le Premier Siecle divers Pasteurs, tirés contre leur gré des Solitudes, & des lieus Deserts, où tout un tams la Rigeur, & la fuite des Persecutions; & tout un autre l'Amour de la Penitance, & la Haine du Monde Corrompu, aussi bien que le

O 3 desir,

desir, de bien sçavoir l'Ecriture, & apprandre la Pratique avec la Theorie de la Pureté de l'Evangile, les avoit parfois reduits. Tels furent les deus Gregoires, l'un Pasteur de Nysse & l'autre de Nazianse; les Basiles, les Athanases, & méme les Chrisostomes & les Augustins.

Depuis ces tams là ancore, les Siecles des Reformés & des Gens qu'on a nommés les Freres Evangeliques de Boheme, & de Hongrie, les Vaudois, les Albigeois, & leurs plus purs succeſſeurs, ou Heritiers, Anfans plus Adoptifs que Naturels, non seulemant de leur Foy, de leur Doctrine & de leur culte simple & pur; mais ancore de leur Esprit & de leur Grace, de leur vie & de leur conduite; ont suivy ces mémes Regles, de Vocation Divine-Humaine, & vraymant Ecclesiastique, c'est a dire desintereſſée, Epurée, ayant égard seulemant à la Gloire & à la volonté de Dieu, à l'honneur & au service de Jesus Christ, au Bien & au Profit de l'Eglise, au salut des Ames, tant des Pasteurs, que des Troupeaus, & à leur Comune Sanctification.

Ce

Ce sont en effet là tous les Motifs, qu'on doit avoir en la vocation d'un Pasteur, & l'unique but, que non seulemant luy come Apellé, mais les autres, qui l'Apellent, se doivent Proposer, & méme atteindre, y dressans leurs Prieres, leurs Pansées, leurs Desirs, leur Gestion & leurs éforts, selon qu'ont fait les Hommes de Dieu, lors qu'ils ont voulu en faire d'autres, & donner des Hommes, qui fussent de Dieu, & à Dieu come eus.

SISIEME CHEF.

La Necessité qu'il y a, que les Pasteurs travaillans à la Reformation des Eglises, y soient bien Apelés de Dieu, & ayent les vrais Caracteres d'une vocation vrayemant Divine.

Toutes les Ecritures temoignent, combien dans les Choses Divines, *la vocation Divine* est necessaire; particulieremant lors qu'il s'agit du Culte Divin, de la Parole Divine, & de toutes les fonctions qui regardent la Divinité. Les Examples, qui en confirment les Paroles, se voyent en Noë, en Melchisedech, en Abraham, Isaac, Jacob & Joseph en la loy de la Nature; en Moyse, en Aaron, en Samuël, en David, en Esayé, en Jeremie, & en tous les Prophetes dans la Loy écrite; où se lisent cent beaus Textes, qui Etablissent aussi bien qu'ils prouvent la Necessité de cete Vocation de Dieu, Divine singulieremant.

 La Loy Evangelique & Nouvéle fournit ancore bien plus de Dogmes & d'Examples à cete grande Verité, non seulemant pour l'affermir, mais pour la tenir Inviolable, que l'Anciene, ou Naturele, ou Ecrite, JESUS y *Jean 6.* dit *que Personne ne vient à luy, que le Pere ne le tire. Que le Pere luy a donné ceux qu'il a; Que luy méme les a triés,* *Jean 17.* *& tires du Monde.* En effet il les a tous *Matt. 4.* Apellés en leur disant *suivés moy*, il les *Matt. 10.* envoye leur disant, *qu'il les a mis pour* *Matt. 20.* *porter du fruit.* Son Pere & luy sont 22. ceus, qui dans toutes les Paraboles Evangeliques, anvoyent des Vignerons, en leur vigne; des fossoyeurs, en leur Terre; & des Moissonneurs en leur Moisson. Ce sont eus qui Apellent,

lent, ou font apeler au Festin des Nopces. Eus qui donnent les Talans, & en font rendre ensuite compte. Qui metent en leur Maison leurs Oeconomes, & leurs Serviteurs; & puis leur font rendre raison de leur service, & de leur Administration.

Pareillemant Saint Paul, dans la même loy Nouvéle, aussi Divinemant Apellé que tout autre Apôtre, pressant souvant la Necessité de cete Vocation, en fait toûjours Dieu l'Autheur; Dit que c'est propremant *luy qui Apelle*, & l'Apelle mémé par Excellence *l'Apellant*. Fait mention en cent endroits, qu'il l'a *Apellé* & s'apelle aussi fort expressement, *l'Apellé de Dieu*, & *l'Apellé de* JESUS CHRIST, pour être leur *serviteur & leur Apôtre; Pour être le Dispansateur de leurs Mysteres, & le Ministre de leur Grace & de leur Parole*, & anfin s'expliquant en general & bien au long, au Chap. 5. v. 6. de l'Epitre aus Hebreus ne pose-t'il pas formellemant cete Maxime. Que *tout Sacrificateur étant pris d'entre les Hommes, est Etably pour les Hommes & pour les Choses qui se doivent faire vers Dieu*; & un peu plus bas, *Que nul ne s'attribuë*

Rom. 9.

I Cor. I.

buë cet honneur, mais celuy là seul l'a & en jouyt, qui est Apellé de Dieu comme Aaron ; Pareillement aussi Christ (ajoute-t'il) ne s'est point Glorifié, ou elevé soy meme pour être fait Sacrificateur, mais celuy là seul l'a glorifié, & élevé à cete Charge, qui luy a dit ; C'est toy qui es mon Fils, je t'ay aujourd'huy engendré, come aussi en un autre endroit il dit, *tu es Sacrificateur à la façon de Melchisedech.*

Cela suffit bien pour le Present à faire voir, qu'en matiere *de vocation Pastorale*, qui participe de l'Apostolique, & pour le moins tient sa Place, la Divine est Necessaire entieremant, c'est à dire l'Interieure, & celle qui se fait au cœur, qui l'oint, qui l'éleve, qui l'epure, & qui luy fait sentir Esprit & Grace, non seulemant Chrétienne, mais Pastorale ; & ne le consacre, & sanctifie pas simplemant come Fidelle Chrétien, mais come Ministre fidelle, & come Pasteur & Pere d'autres Chrétiens.

Cete Grace est sans doute particuliere, & ajoute beaucoup à la Comune, come étant de tout autre ordre, & degré, ainsi que *l'Apellé* meme est con-

consideré dans un autre Degré & ordre, & passé pour élevé plus haut que le comun dans l'Eglise. Cete grace est sans doute l'Infusion de l'Esprit Eclesiastique, Ministeriel, & Pastoral, accompagné des dons de Sapiance, d'Intelligence, de Conseil, de Pieté, de Crainte de Dieu, de lumiere, de Charité, de zele, de courage, de Hardiesse, & de force Sainte à sonder, & à parler le Mystere; anoncer la Parole, la porter aus homes de la part de Dieu; en Instruire, en convaincre, en exhorter; Consoler & meme desoler les Hommes, c'est à dire les en battre, & les en abattre aus Occasions; leur porter ses Menaces, aussi bien que ses Promesses; les effrayer de ses Jugemens, & de sa Justice, aussi bien que les attirer par sa Misericorde, & par sa Grace; Enfin parler & agir avec Authorité avec Puissance, & avec Liberté Sainte; aussi bien que Conduire, Conseiller, & Gouverner avec Jugement & avec Constance, & avec Grande Charité.

C'est ainsi que nous le pouvons recueillir en premier lieu de l'Onction de Jesus Christ, selon qu'elle est
de-

déclarée au Chap. 61. des Revelations d'Esaye, & de toute l'Economie de sa Mission Divine, & de son Ministere sur la Terre. C'est ainsi que nous le recuëillons ancore, de toute la Mission & Gestion des Saints Apôtres, selon que le livre des Actes en fait foy, & qu'eus memes l'ont écrit en leurs Lettres; sur tout Saint Paul en celes qu'il a adressées aus Corinthiens, aus Galates, à Timothée, & aus Hebreus. Et d'effet on n'a point veu de vrais Apellés de Dieu & des Hommes pour être Patriarches, Prophetes, Apôtres, Evangelistes, vrais Predicateurs, & Pasteurs depuis Noë & Moyse; Jesus Christ & Jean Baptiste, Mathias & Saint Paul, jusqu'aus deus Temoins de l'Apocalypse, & des Premiers jusques aus Derniers, qui seront jamais; qu'il n'ait vrayment paru en eus un Esprit d'Onction Divine, & une Grace d'Envoy Pastoral qui outre les Choses déja dites leur a comuniqué d'une part une certéne vertu particuliere propre à leur Etat; & de l'autre un certain Plaisir Celeste, & une Attache amoureuse & delicieuse tout ansamble à en faire les fonctions.

Ce

Ce qui en Verité ne sert pas peu à en surmonter tous les obstacles, aussi bien qu'à en suporter tous les Travaus.

Il n'est pas Necessaire d'en produire icy d'autres preuves, ny même d'en toucher au long les qualités; Mais il suffit de remarquer ces trois choses. La Premiere, qu'afin que la Vocation soit Divine, il faut qu'elle vienne d'enhaut, & de Dieu à l'Homme, son Esprit touchant le sien, & le touchant non une fois, mais plusieurs; non superficielement, mais profondement; non à la legere, mais avec Constance; non par des Simples Pansées suggerées par les autres, ou produites par soy même, Mais par des vrays mouvemens, Desirs, & Affections constantes; en sorte qu'on n'y puisse non plus resister sans trouble, qu'y acquiescer sans plaisir.

Ce premier Chef exclut la Pure Suggestion Humaine, la propre Dispansation, Ambition, ou Vanité de l'Apellé; ou de celuy qui s'apelle soy même, & se fait venir la Pansée & le Desir d'estre Pasteur sans que Dieu l'al'apelle, & le luy fasse vouloir. Il exclut ancore les Pretantions, & les visées de la Paranté Ambitieuse, ou avaritieuse, laquele cherchant de se soulager, & come faisant elle méme sa Providance, & la Pourvoyeuse des siens, les destine, les dresse, & les amene peu à peu au Pastorat, & pour le moins, en donne aus Anfans, les Pansées & les Desirs, ou velleités des l'Anfance, ne cherchant pas la Gloire de Dieu, & le bien des Ames, mais son accomodemant, son Mieux, & celuy de ses membres, ou alliés.

Ce n'est pas que le Desir et le vœu d'Anne la Mére de Samuël ne soit bon et Saint, mais il est aussi celuy de Dieu ; et n'est meme Bon que parce qu'il est Divin. Mais come il y a peu de Samuëls, il y a peu d'Annes au Monde ; c'est a dire peu de Meres, et de Peres qui n'ayent que Dieu, sa Gloire, et son bon plaisir en veuë ; quand parfois hors d'un Saint vœu, ils luy destinent leurs Anfans, et pour le dire de la sorte ; Les *Predestinent* en queque façon ou pour le moins *Postdestinent*, ou ou *apres destinent* à être Pasteurs, ancore que Dieu ne les ait pas *Destinés* à l'estre, ou *Predestinés* à l'estre Bons.

La Deuxiéme Chose des Trois aleguées, est que *la veritable vocation Pastorale* doit étre selon JESUS Christ, & en JESUS Christ; en son Esprit, & en son nom; & par consequent s'en ressantir, & participer en sa façon aus qualités memes de sa vocation, de son Onction, & des dons de son Esprit. C'est ce que luy meme marque, lors qu'il dit au Chap. 10. de son Euangile selon Saint Jean, où il se dit *le bon Pasteur*, y ajoutant *qu'il est la Porte*, & qu'il faut non seulemant que les Brebis, mais que les Pasteurs *entrent par luy*. Et ancore ailleurs, *qu'il est la Porte & la voye*, come *il est la Verité & la vie*. Jean 14. Il avance meme dans le Chapitre allegué, que *quiconque n'entre par luy dans le Pastorat, & dans le Bercäil, ou Bergerie; mais monte, ou entre d'ailleurs, est un Larron & un Brigand, & ne vient que pour meurtrir, & tüer les Brebis*.

C'est ce que JESUS ancore vouloit faire antandre à ses Apôtres, quand il il leur disoit si souvent, *vous en moy, & moy en vous. Demeurés en moy, & moy en vous. Je vous donneray un Esprit, & une bouche, auqueles nul ne pourra resister. Je seray avec vous jusques à la Fin du Siecle; Come mon Pere vivant m'a envoyé, je vous envoye. Receués le Saint Esprit*, & samblables autres choses dont l'effet faisoit sentir, & dire aus Apôtres. *Qu'ils faisoient tout au nom de* JESUS CHRIST, *& rien au leur. Que ce n'estoit pas eus, qui parloient, mais Christ en eus. Que ce n'estoit pas en leur vertu, mais en la sienne qu'ils agissoient*; & que tous come Saint Paul pouvoyent dire, *je vis non pas moy, mais* JESUS CHRIST *vit en moy. Cherchez vous experience de celuy qui parle en moy*, *& de qui nous sommes Ambassadeurs & faisons memes la Legation*.

Jean 15. 17.
Luc. 21.
Matt. 28.
Jean 20.

Matt. 7.

Gal. 2.
2 Cor. 13.
2 Cor. 5.

Ce Chef veut dire, qu'il faut, que le veritable Apellé *soit revétu de* JESUS CHRIST, *& le sente vrayment habitant par Foy en son cœur*; & non seulemant par Foy, & par Grace de Comun Chrétien, & d'ordinaire Fidelle; mais par celle *de Pasteur Fidelle & Chrétien*; Et par un Singulier revetement de
JE-

JESUS Christ non seulemant come Autheur & come Consommateur de la Foy; JESUS sauveur de son Peuple, & Mediateur de Dieu & des Hommes; Mais de JESUS come Roy de Grace, Sacrificateur & Prophete; de JESUS come Ministre de Dieu son Pere, & non seulemant Ministre de la Circoncision, mais de l'Euangile, & de la Circoncision, non selon la Chair, mais selon l'Esprit; & non du Corps, mais du cœur, suivant que Saint Paul le marque.

Rom. 2.

Tout cela presupose visiblemant Regeneration, Renouvelemant, Reformation, Batéme d'Esprit, Batéme de sang aussi bien que d'eau, & Batéme de Grace abondante dans l'Apellé; & par consequant Conversion de cœur, aversion du Peché, Depouillement du vieïl Homme, Mortification de la Chair, & de ses Convoitises; Epurement de vie, & anfin Sanctification Interieure & Exterieure, d'Ame & de Corps devant Dieu, & devant les Homes. Ce que Saint Paul exprime admirablement bien en ses Lettres à Timothée, & à Tite, leur declarant quel doit étre un *Evéque*, & un *Ancien*; *Irreprehensible & sans crime* (dit-il)

1 Tim. 3. v. 2.

P c'est

c'est à dire sans vice Reprochable & eclatant ; desirant ensuite come il l'âjoute, qu'il soit orné de *toute sorte de vertus.*

La Troisiéme chose qui se doit trouver en une vraye Vocation., & dans *un vray Apellé*, est la Pratique & la vie, conforme à sa Vocation, d'où se puissent tirer des Preuves de sa Verité Divine, par de bonnes Epreuves, qui en soient faites de bonne heure, non seulemant par les Particuliers Pasteurs, Docteurs, & anciens des Eglises ; mais si faire se peut par les Eglises memes entieres, qui voyent sa Conversation, oyent sa Doctrine, conoissent ses mœurs; aussi bien que les Talans ; & ayent de constans examples de sa part, de foy, d'humilité, de Charité, de Patiance, de Mortification, de Sobrieté, de Chasteté, & d'autres vertus Chrétienes necessaires à tout vray Fidelle ; & pardessus cela requises en plus haut degré dans un Pasteur, qui en doit donner pardessus elles ancore, d'habilité, de zele, de soin, de conduite & d'Onction Pastorale, conformemant à son Etat *de Pasteur.*

C'est

C'est ainsi que s'exerçoient, & qu'etoient exercés les Anfans des Prophetes sous leurs Peres, au moins de Grace & d'Esprit, Samuël, Elie, Elisée, & queques autres, en l'Ancien Testamant. C'est ainsi que les Apôtres & les Disciples le furent dans les premiers tams de l'Euangile sous la Discipline de Jean Baptiste, & ancore plus Long-tams, & mieus sous celle de JESUS Christ; come on peut remarquer dans le Nouveau. C'est ainsi que le furent aussi sans doute Plusieurs Anfans Spirituels, & Disciples des Apôtres, sous ces Grands Peres & Maîtres de la Doctrine du Pastorat, come Maîtres Pasteurs & Ministres Apostoliques; Enfin c'est ainsi, que les Athanases, les Basiles, les Chrisostomes & les Augustins ont apris dans le Desert la Conduite des Assamblées, c'est à dire des Eglises, & se sont exercés en la Vie Chrétienne & Sainte, pour pouvoir faire des Saints & conduire des Chrétiens.

On peut repliquer à ce sujet qu'on ne manque pas ancore d'esprouver les Pretandans, ou les Apellés au Ministere, soit dans les Academies soit dans les Eglises; & que ce n'est pas meme sans faire enquéte de leur vie, & de leurs mœurs, qu'on panse à les promouvoir, ou meme à les apeller. Il est vray, l'Ordre le veut, les Eglises & les Synodes l'antandent; mais on ne laisse pas de se plaindre où que cela se fait quequefois à la legere, ou que cela se fait par amis, & par faveur. Que parfois un air Mondain y Domine, qui croit, qu'il ne faut que passer pour Honnete Home selon le Monde, pour étre tenu vertüeus, & passer pour Home de Dieu, ou Propre à Dieu. Qu'on se fait à croire aucunemant, que la Charge est pour Changer celuy que l'on y apelle, sans qu'il se change devant qu'y éstre apellé; & qu'ainsi le Ministere convertira le Ministre, qui peutétre sera pour pervertir le Ministere, s'il n'y entre pas Converti.

Par là ne samble t'il pas, qu'ancore qu'on ne donne rien à l'*Oeuvre Oeuvré*, aus Caracteres, & aus Ceremonies exterieures quant à la Theorie; Toutefois quant à la Pratique & quant à la maniere d'agir, on y donne queque chose; & qu'on luy assigne, ou luy

luy reserve queque sorte d'efficace & de vertu; puis qu'on oit dire assés souvent d'un Homme apellé au Ministere, & meme prêt à y entrer, quoy que non bien converti, Regeneré, & Reformé ; mais quequefois au contraire vain, Libertin, Indiscret, peu Retenu, peu Pieus & peutétre méme Debauché ; *qu'il se changera estant Ministre.* Qu'il deviendra tout autre l'étant fait ; & que c'est alors, qu'il se faira Homme de bien, quand sa Charge l'obligera à en faire d'autres, & que luy meme sera plus obligé de le devenir.

Mais qui ne voit, que c'est un Etrange abus, & qu'il en est bien souvent des Esprits Malades, come des Corps, qui changeans de lit, ou de vaisseau, ne se portent pas pour cela mieus. Que les Offices, & les Charges, sur tout quand elles sont jointes aus Dignités, & aus Honneurs, ne changent guere les Homes, si ce n'est bien souvant de bien en mal, ou de mal en pis? Qu'on est aussi Mechant, Homme public que Privé? sur tout qu'en matiere d'Ame, de Cœur, de vie & de Conduite Morale, *le veritable changement*, & celuy de de Bien en Mieus ne peut pas venir des Homes, mais de Dieu, qui en est seul tout l'Auteur. Que tout autre *Changemant* est Hypocrite, Superficiel, & aparant. Qu'il n'est pour l'ordinaire qu'un *Changemant* de Passions, & de vices les uns aus autres; & parfois des plus petits, aus plus Grands. Qu'enfin souvant un Tel *Changemant* humain sert à d'autant mieus Tromper les Homes, qu'ils pansent que le Cœur soit sur les levres, & principalemant sur celes d'un Ministre & d'un Pasteur, qu'on n'ose guere jamais prandre pour *un Pharisien assis sur la Chaire de Moyse*, quand on l'antand, & quand on le void assis sur cele de JESUS Christ.

Matt. 23.
v. 2.

Non, non, il faut aussi veritablemant, qu'absolumant, que quiconque est *Apellé*, & veut, & doit étre Amis au Pastorat, soit en Verité Chrétien, & bon Chrétien; devant que d'étre Pasteur, & estre Pasteur Chrétien: Par consequant il doit étre converti du Monde, & de l'Etat du Peché, Changé en luy-méme, Renouvelé en Esprit, Regeneré en la volonté, autant, ou plus, qu'en l'Antandemant; Mortifié
en

en ses Passions, Moderé en ses Apetits, Reglé en ses Sens, pur en ses Mœurs, droit en sa conduite, & Renoncé à soy-meme, pour être vraiment à JESUS Christ.

En éfet vid on jamais de Prophete en l'Ancien Testamant qui n'ait esté Saint, & Sanctifié de bone heure ? Et pour le moins bien *Apellé*, devant qu'être Prophete, à être Tel ? Void on d'Apôtre, & de Disciple dans le Nouveau, qui n'ait esté converty, Sanctifié, & fait Bon, & vray Chrétien par JESUS Christ, devant qu'être envoyé Precher par le méme JESUS Christ ? Et void on, qu'Aucun ait esté Designé par luy pour être Apôtre, ou pour être Euangeliste, qu'il n'ait auparavant converti, & fait de Peager Public, & de Persecuteur de l'Eglise, mambre de l'Eglise ? Et qui plus est, meme le sien ? Certes ils sont tous ses Mambres, devant qu'être ses Ministres, & luy sont plutôt aquis, qu'ils ne luy aquierent d'autres Gens. Concluöns donc qu'il faut que tout Ministre de Christ, soit Saint devant qu'exercer le Ministere, pour faire par luy des Saints ; & qu'il doit être Serviteur

teur Particulier du Seigneur, devant qu'il d'en étre fait serviteur Public, & que devenir *Domestique Serviteur, & Maistre* tout ansamble d'une Eglise, qui est sa Servante, & sa Maison.

Voilà sans doute (Mes Freres) le Point, ce samble le plus Important de ceus, que nous avons traités jusques icy *sur le Sujet du Ministere, & des Causes, qui pouvoient le randre aucunement Infructuëus.* C'est aussi efectivement celuy, sur lequel des Gens de bien temoignent en ce tams avoir le plus de Scrupule, & méme former le plus de Plaintes aussi Modestes, que Justes. Ils Pretandent que parfois l'Interet, ou la faveur, la Brigue, & le Monopole des Parents, ou des Amis, Introduit, ou queque Ignorant & Etourdi, & pour le moins non beaucoup sçavant ou Sage; où plus souvant ancore des Esprits vains, ou Mondains; ou qui pis est, aucunement *Libertins* osent ils dire, & moy non, mais simplemant, non assés Examplaires, ou assés Pieus.

Il est vray, qu'il ne faut pas Croire, soit aus plaintes, soit aus Bruits, sur tout quand il s'agit de Personès Elevées,

vées, & Publiques ; pource que tout le Monde se done la liberté non seulemant d'en parler, mais d'en juger ; & croit avoir celé d'en dire son santimant ancore qu'il ne soit gueres fondé : Tous Homes Publics sont d'ordinaire un But comun, où l'on tire librement ; & peuvent estre pris pour des Chefs d'Oeuvre, où des Tableaus exposés, où chacun void, & Remarque, bien ou mal ce qu'il luy plait, & ensuite en Raisone selon son caprice ; qui souvant est envieus ; Mais sur tout il est visible, que les Persones Ecclesiastiques sont les plus sujetes à ces sortes de censures, soit pource que d'ordinaire elles sont moins Aprehendées que les autres, soit parce qu'eles se trouvent obligées à estre les plus patientes.

Neamoins, pour faire Justice à tout le Monde, il est Necessaire, & d'ecouter les Plaintes, & de soutenir les Innocents, en Disant, aussi bien qu'en ecoutant la Verité. C'est donc à nous oyans des plaintes sur la *Vocation au Ministere* de voir, si l'on a Sujet d'en faire ; & si celes, qu'on fait sont justes : Par Example, s'il est vray, *qu'on soit pour prandre la coutume de faire du Pastorat*

storat Chrétien une Tribu, ou un Ordre Levitique ? Si, come à Deſſein, & à queque prix que ce ſoit, on tend à le perpetuër dans les Familles de quelques Aarons, peutétre moins bien Apellés que l'Ancien, qui veuillent avoir l'avantage d'eſtre toûjours, ou les Premiers & Grands Sacrificateurs, ou pour le moins de faire le plus Grand Nombre des Petits.

Ce n'eſt pas que les Fils des Maitres, (come on parle) etans bien Apellés ne puiſſent autant ou plus que tous autres étre auſſi bien Heritiers de la Charge, que de la Grace de leurs Peres, déja Peres des Egliſes; & par efet etre Paſteurs avec eus, ou apres eus; quoy que pourtant pour pluſieurs Raiſons, come pour eviter le Suport, ou la Cabale, empecher la Domination, & mieus conſerver la liberté, en doner plus à un Fils, & luy oter tout le Reſte de crainte, & de Geſne Paternele; peutétre ſeroit il parfois meilleur, qu'un Pere & qu'un Fils ne Gouvernaſſent pas enſamble une meme Egliſe; au moins long-tams, ou toûjours: Mais laiſſans là ce point, & Reprenans nôtre Sujet, il eſt conſtant

&

& Veritable que qui que ce soit Fils, ou Neveu qui Pretand, ou pour qui l'on Pretand au *Paſtorat*, y doit étre bien *Apellé*, & avoir les Graces, & les Qualités requiſes pour étre vray Miniſtre de JESUS Chriſt, & bon Paſteur d'une Egliſe. Toûjours eſt il Veritable que ny le Deſir d'un Pere, ou d'un Oncle, ou par fois meme leur Opiniatreté, & leur vouloir abſolu; ni la coutume d'avoir dés long-tams, & de longue main, des Ancétres Paſteurs; ne doit doner ou faire venir *la Vocation Paſtorale* à des Enfans, ou à des Neveus: non plus que l'Ambition & la Gloire de dire qu'il y en a eu, & qu'il faut qu'il y en ait toûjours de la Race en la Maiſon: En un mot queque pretanduë Devotion, qu'ayent des parents pour leurs Enfans, elle n'eſt point un aſſez juſte Motif de les Apeller, ou elever à une Charge à laquele *le ſeul Pere, qui eſt aus cieus* doit Apeller ceus qui ſont ſes vrais Enfans, & les vrais Enfans de ſon Paternel Eſprit, c'eſt à dire, eleus & marqués de luy, pour étre Peres des autres.

En Second lieu, il faut voir, s'il eſt vray que *l'Avarice* faſſe parfois des
Mi-

Ministres, & que *la Povreté* s'acomode *du Pastorat*, si non pour s'enrichir, au moins pour se Soulager. Si c'est ensuite pour se tirer de la Misere, & peut-être d'un Mecanique Travail, qu'on en veut un si honéte, & qui avec du lucre a de l'honeur. Certes quoy que l'Artisan, & meme le vilageois, (combien plus donc le Bourgeois, & le Marchand?) Puisse aspirer avec bone Intantion à l'avantage de voir un jour, non la crosse, & la Thiare; Mais le Sacré Ministere en sa Maison, come *l'Arche chés Obed-Edom*; & ses Enfans non pas de vray porter l'Ephod, ou manier l'encensoir, & ofrir à l'autel des sacrifices, come les Levites anciens; Mais manier *l'Epée à deus Tranchans de la Parole de Dieu*, être *Aspersion du Sacrifice de l'Euangile*, & d'eus memes, en l'anonssant; & servir en qualité de Ministres au vray Autel, qui est JESUS Christ; & au vray Tample, qui est l'Eglise; Toutefois la Pretantion Tamporele de la Benediction d'Obed-Edom; la Portion des sacrificateurs ayans part aus Gateaus, & aus sacrifices; la Disme, ou la Pansion Levitique; les potées de Chair, ou de legu-

Eph. 6.
v. 17.
Heb. 4.
v. 12.

legumes; & samblables Motifs Terrestres; sont sans doute trop vils & trop Bas, pour devoir faire embrasser le Ministere, & sur tout le Ministere Chrétien; qui consiste en Culte Spirituël, *& en service Raisonable*; & qui Rom. 12 est de soy tout sublime, & tout celeste, étant venu du Ciel, aussi bien que le Batême de Jean, & y conduisant les Batisés, sur lesquels il est Ouvert.

Helas! Quel malheur ne seroit ce pas, si un Artisan prenoit, & venoit à faire prandre le Ministere à son Anfant come un metier? si un Paysan le regardoit, & le faisoit regarder au sien come une Terre Labourable, ou come un Champ à porter du grain? Ne seroit ce pas une misere, qu'un Pere, ou qu'un Fils l'anvisageast come un moyen à l'ampecher d'être miserable? & qu'un Negociant, ou un Marchand le prit pour un Comerce de Lucre & pour le moins une Comission, ou Pansion d'honete entretien?

Toutefois on ne peut desavoüer, qu'aujourd'huy plusieurs le prenent de la sorte, & meme en parlent de la fasson;

faſſon; & qu'aſſés comunemant le Miniſtere ne ſoit mis au rang des Metiers, & pour le moins des Arts Ordinaires de la Juriſprudance, de la Medecine, & des Profeſſions des Lettres; puiſque meme queques uns le propoſent à leurs Anfans antre l'Epée, & le Code; & luy metent la Bible, ou Juſtinian, ou Hypocrate antre les mains.

Faut-il s'étoner enſuite s'il arrive, que les uns ſoyent auſſi Chetifs Paſteurs, que d'autres Chetifs Guerriers, Advocats, ou Medecins? Faut-il étre ſurpris, qu'un Anfant prene humainemant ce qui luy a eſté doné humainemant, & qu'il exerce mal une Divine Charge, qu'il a mal priſe, & qu'il n'a peu aprandre à faire bien? De ce qu'il n'y a eu ni atrait, ni vocation de Dieu, il arrive qu'il n'y a ni du plaiſir, ni du profit Spirituel, & que meme il fait moins bien ſon Metier, que tout Artiſan le ſien, pource qu'il n'eſt pas preſſé, pour gaigner ſa vie, de travailler beaucoup, & le faire bien. Il l'a come gaignée, dés qu'il eſt *Miniſtre*, ancore qu'il ſerve mal. Le Troupeau eſt tenu de le norrir, des qu'il a le Nom de ſon Paſteur, quoy qu'il n'en faſſe

pas

pas bien la Fonction. O que Plusieurs seroient mal norris, s'ils n'étoient repeus, que côme ils paissent! & ne recueilloient, que come ils sement écharsemant & parfois de mauvais Grain.

Tous ces Defauts dans le Pastorat, & dans *la vocation Pastorale* ne sont que trop sufisants pour en ampecher le Fruit dont le plus asseuré, come aussi le plus pretandu de l'Avarice, soit des Peres, soit des Anfans, est sans contredit le Lucre, & parfois le deshonéte; quand il est procuré par l'usure, ou par l'Importunité; & la Hardiesse à demander soit une augmantation de Gages, soit une Multiplication de dons Gratuits, & de Presants Publics, ou Particuliers, sans les avoir merités.

C'est bien aussi un des Sujets de Plainte des Gens de bien, qu'il en est, qui savent l'Art de faire encherir les Charges, & de les metre come à un Ancant Public, pour ne les doner qu'au plus Ofrant. Ce sont des Gens, qui pour avoir queques dons particuliers, ou Avantages plus éclatans, d'habileté, d'eloquance, & d'autres Talans

lans ou Naturels, ou aquis se savent faire rechercher; & meme antandent à remuër les Ressorts propres à les faire mouvoir eus memes, pour les faire changer d'Eglises, de Stations, & de lieus, selon qu'ils sont plus, ou moins Avantageus; Riches, ou Anrichissans par de plus grosses Pansions.

 Mais combien condamne toute l'ecriture ces pratiques? l'Anciene, quand elle dit, *que tous tant Sacrificateurs, que Levites s'adonent à l'Avarice. Que les Pasteurs se paissent eus memes plus que leurs Troupeaus, & qu'ils ne cherchent qu'à se norrir de leur Chair, & se vétir de leur laine, & de leur peau?* La Nouvele aussi, quand JESUS les apelle *des Mercenaires, & des Pasteurs non Pasteurs,* c'est à dire, qui en ont le Nom, & n'en ont ni les Actes, ni les Qualités. *Qui n'antrent au Bercail que pour tuër, & pour manger;* & Saint Paul, qu'il ne faut pas *que l'Eveque, & l'Ancien soit convoiteus de gain deshonête,* qui est l'Inique, ou le Fin, tel qu'est celuy, que tachent de faire les adroits à se faire rechercher.

Jean 56.
v. 11.
Jer. 6.
v. 13, 8.
v. 10.
Eze. 34.

Jean 10.

Tit. 1. v. 7.

 Certes il ne faut pas s'étoner, si ensuite

suite leurs Ames, & leurs sciances sont venales; puisqu'eus mêmes l'ont esté, leurs Charges, leurs Amplois, & tous leurs Talans; Aussi void on qu'en Esclaves achetés ils servent à tout, & ont leur langue, leur plume, & tous leurs travaus à prix, angagés qu'ils sont à servir à l'Ambition, aus delices, & aus débauches des autres, après qu'ils ont servi à leur Avarice propre, & vandu sinon Christ, au moins le Pastorat, ou le Doctorat Chrétien pour de l'argent.

De là vient ensuite, que leur Ministere n'a ni force, ni éficace pour le bien, & qui plus est n'a pas meme du courage, & de la hardiesse contre le mal. En éfet comant oser reprandre une Eglise, qu'on a muguetée? Comant censurer des Gens, qu'on a flatés? Comant resister à des Persones auqueles on s'est assujeti, ou meme vandu? Comant vouloir faire le libre, ou le juste Maitre, après qu'on s'est randu valet, & Serf? Certes il n'y a pas d'aparance: & si parfois on l'ose faire, & on le tante; aussi-tôt on est arreté, ou quequefois par angagemant, ou toûjours par l'Avarice, & come l'on dit des usuriers; ou *par le Lucre qui par-*
la

la cesse, ou par le Domage qui en vient.

En Troisiéme lieu, il est fort juste d'examiner, si à l'Avarice du Pastorat Faus, ne se joint point *l'Oisiveté*, & l'Etat commode de vivre en paix selon le Monde, & la Chair : En éfet on se plaint, que parfois *le Ministere*, & l'Avantage d'avoir une Eglise, est un But, pour lequel on travailloit devant que l'avoir ateint ; mais pour lequel, ou auquel on cesse de travailler, dés qu'on l'a touché. On y visoit, on l'a mis bas, ou pour mieus dire, on s'y est bien eslevé. On n'a donc puis que faire de se doner de la peine, plus qu'on en est venu à bout : D'où il arrive qu'après cela on se plaint, que l'un demeure les bras croisés ; *& les mains ployées*, (come dit le Sage) *dans le sein* : L'autre n'a que les piés trop deliés, & trop libres, courant sans cesse, & fin ; ne faisant que voyager par les Champs, ou à la ville ; visitant d'autres Gens, que des Malades ; & d'autres brebis, que les povres, ou les bones. Celuy ci s'adone aus cours avec les Dames ; celuy-là aus Compagnies de feste, de festin, & de tous divertissemans.

Peu

Peu le font de vray (disent-ils) mais c'est toûjours trop qu'il y en ait eu queques uns, ou meme quequ'un; Au reste come un Ministre a épousé le Ministere pour toute sa vie (car sur tout l'avare, ou le vain seroit bien marri de le quiter; combien plus le Paresseus?) Il a sans doute épousé aussi la Bible, & la Predication habile, avec ses autres Saintes Fonctions. Pourquoy donc quite-t'il ses livres? pourquoy renonce-t'il à son Cabinet pour être en celuy des Dames? Pourquoy le void on dans les Places publiques, ou dans les Cours? Pourquoy perd il son Tams en jeus, ou en promenades; & n'est il à travailler de son Metier, surtout puisqu'en Avare il a pris le Ministere pour Tel?

Il ne faut pas s'étoner ensuite, si la Moisson de son Champ qui est son Eglise n'est pas grande, puisqu'il y seme si peu, & le travaille ancore moins. Si sa vigne ne porte point; il ne la coupe, ni ne la fouyt! Si son Jardin a beaucoup d'Epines, & ne porte que fort peu de bones herbes ou de fruit, puis qu'il ne le cultive preque point; ou met tout son tams à se Pro-

Q 2   mener

mener même en d'autres lieus qu'en ses alées, & n'en sercle jamais gueres les Carreaus.

C'est sans doute cete Negligeance, & cete Grande oisiveté ; Et tout ansamble la Recherche Avaricieuse, & Mondaine ; qui done Sujet de dire non seulemant à des Gens du monde, mais de Dieu, & à beaucoup Gens de bien; Que *le Ministere est un Fond Comode, puis qu'il done un Annuel bon Revenu, sans qu'il coute guere à queques uns. Propre, dés qu'on a Epousé une Eglise, à Epouser un bon Parti, & selon qu'on a trouvé l'une, trouver l'autre ; & ainsi être le reste de ses jours fort à son aise, sans se travailler beaucoup.*

En efet avoüons le vray. Il arrive souvant qu'il est ainsi, mais on en doit avoir honte, & tout ce qu'il y a de vif, de bon, & de zelé Pastorat se doit lever, & roidir contre le Lant, le Mort, & le Paresseus. Il ne le doit pas moins faire contre le vain, & le Mondain, qui enfin passe en Libertin, & Dissolu. Il ne faut pas, que le Saint soufre ces taches sur son visage ; car elles sont come S. Pierre disoit, *des souillures en nos Assamblées*, & des bourdons parmi les

Abeil-

Abeilles, à manger le miel des Ruches sans travailler. Ja n'aviene, que le *Ministere* si souvant comparé en l'ecriture *au Navigage*, *à l'Architecture*, *à l'Agriculture*, *& à l'Art meme Militaire*, tous Metiers de grosse peine, & de grand travail; deviene un Repos de Feneantise, & un Lit de Paresseus.

Le Nom meme du Pastorat l'oblige à pener toûjours, à veiller, à Marcher, à monter, & à descendre, & à ne cesser jamais de paitre, de conduire, & de soigner un Troupeau. Saint Paul veut, que l'Evéque *Timotée travaille come un bon Ouvrier; Combate come un bon Soldat; Insiste en Tams, & hors tams, à anseigner, & à reprandre*, & luy meme se propose en Example à tous Pasteurs, aleguant, qu'il a autant travaillé que tout autre Apôtre; & travaillant par éfet des mains & de Corps, lors qu'il n'étoit pas necessaire, qu'il le fit de bouche, & d'Esprit.

1 Tim. 5.

O si Nous, qui recomandons tant aus Autres le prix du Tams, savions combien le Nôtre vaut, & nous doit aussi être *Cher* en tout bon Sens, c'est à dire, *& Aimable, & Precieus*! Certes

tes Nous en ferions bien plus d'Epargne, & de menage non pour l'oster à un Saint Etude, ou à des Amplois Publics, ou particuliers *Pastoraus*; mais pour le refuser aus Compagnies, & aus Comerces Mondains. O l'etrange Malheur? O quel Prodige? s'il arrivoit que parmi Nous, come parmi les Errans, le Pastorat Devint *une Decharge de Maison; un Delassemant de peine; ou une Cessation de travail. Si l'office n'étoit aimé, desiré, & pris qu'à cause du Benefice;* Et si la Chaire d'une Eglise, devenoit come cele, qu'on Apelle *de Saint Pierre*, ou une Chaire de Repos, c'est à dire une Place pour étre à son aise, & pour y étre meme faineant; Ne seroit ce pas introduire l'oysiveté & l'Avarice à la fois? ne seroit ce pas admetre la vente, le Pur Achapt, & le Comerce dans le Tample, dont JESUS les a chassés? & doner meme lieu à des Esprits bas, & Mesquins, non seulemant d'étre Avares, mais Sacrileges, & pires que Simoniaques, veu qu'ils ne doneroint point d'Argent, & ne laisseroint pas d'en recevoir; étans de Nouveaus Simons, qui auroient des charges Apostoliques,

liques, sans estre Apôtres? sans les meriter, ou les conserver par leur travail?

J'avouë donc derechef, qu'aucune condition n'est excluë du Ministere; mais toute Avarice le doit étre. Le Roturier, aussi bien que le Noble peutétre Annobli, & orné de cete Charge; Mais ni la Noblesse n'en doit faire un point d'honeur; ny le Tiers Etat *un Metier*, ou *un Gaigne-Pain*, qui en done a des vauriens.

C'est aussi sans doute, par le meme Esprit *de Lucre, ou de Disette*, qu'il peut arriver parfois, qu'on fait Differance des Eglises, & qu'on fait Chois d'elles, come des Danrées au Marché, & des étofes dans une Boutique. Qu'on s'enquiert des meillures, c'est à dire non des plus Saintes, mais des plus Riches, & de celes, qui peuvent le plus enrichir un Pasteur Povre, ou Avare. Qu'on les Epie, les Marchande, & qu'on les prand de meme que les Monnoyes au poids. Qu'on en fait come si l'on avoit *les vaches grasses, ou les vaches Maigres, & les differans Epis de Pharaon* devant les yeux, & antre les mains. Qu'enfin on s'y comporte

porte en Marchand, qui a peur de se tromper en son Negoce, & au Contract meme qu'il passe, pour reçevoir sans doner.

O que ces desordres seroient Grands, & que nous serions coupables, s'ils se trouvoient parmi nous! Que diroient de nous les Apôtres, dont nous nous disons les successeurs, si nous vandions, ou Achetions leurs Charges, & nos Eglises? que seroit ce, si eles étoient *la Proye de l'Avarice, ou le But de l'Interet?* Si pour elles il se faisoit des Cabales, des Concerts & des Marchés? S'il y avoit sur elles des visées des Long-tams, & des Complots de longue main, pour avoir ou cette-cy, ou celle-là, l'une meilleure que l'autre? pour monter plus haut d'un Degré, ou meme de *deus*; Embler une Chaire come une vile; & l'escalader bien autremant, qu'on ne monte son Degré pour y Precher? Enfin pour anvahir come par force, en gras, ou Maigre Pasteur, qui a besoin de Maintenir son Ambonpoint, ou de s'engraisser; un Grand, & gras Pasturage, ou il soit luy meme, autant ou plus que son Troupeau dans l'herbe

jus-

jusqu'au col, c'est à dire dans les Comodités, & dans les aises, jusqu'à l'Abondance, & aus Excés.

Mais quoy ? disons à ces Plaintes, qu'elles sont plus propres à blamer ceus de nos Adversaires, que les nôtres; & que Dieu mercy nos Lois & nôtre Conduite ne donent pas lieu contre nous à de si Grandes Acusations. Tout ce qu'il y a de bon Pastorat, qui fait ancore parmi nous valeur & nombre, est pour s'oposer à ces Abus; & non seulemant ne les soufre pas, mais les punit; & pour le moins les decrie, & blame autant, que le peut faire un Party moins Affectioné, & plus suspect.

Nous n'avons qu'à desirer, qu'il se roidisse avec plus de zele, & de Courage que jamais, en se joignant, & se ranforçant par sa bone Intelligence, & par sa Sainte Union. Son zele en sera plus genereus, ses mains plus fortes, & il viendra par ce moyen plutôt, & plus aisémant à bout de tous Desordres, soit qu'ils desolent l'Eglise, soit qu'ils nuisent au Pastorat : Mais sur tout est il juste, & Necessaire, que les bons *Pasteurs, Anciens, & Conducteurs*

cteurs des Eglises s'oposent aus Monopoles, & aus Brigues en matiere des Vocations, soit pour antrer au Ministere, soit pour y servir changeant de lieu, & Recherchant un plus gras Troupeau, qui maigrit pour l'ordinaire, quand il a un Pasteur, qui l'a pris pout s'angraisser.

Pour cet éfet il samble Juste de voir ancore en Quatriéme lieu, sur le meme Sujet *de la Vocation Pastorale*, s'il arrive parfois entre nous, que la Brigue ou la Cabale (come on dit) la fase, & que l'Eglise se gouverne come un Etat, par la Politique, & non pas meme par la Bone, puis que cele de la Brigue & de la Cabale ne vaut rien.

Cela peut arriver, quand d'une part on vient à faire Acception des Persones, qui se Presantent, ou sont Presantées; & que pour obliger un Ami, un bien-faiteur, ou un Home dont on croit avoir Besoin, on done à sa Consideration, ou à sa Priere, un Chetif serviteur à Dieu, & un Pauvre Maitre à l'Eglise: Ou bien quand un Grand, ou un Puissant, se melant de la Promotion de queque Fils de valet, ou de ser-

servante, de Tenancier, Vassal, Procureur d'office, ou d'afaires, & qu'on n'ose pas refuser à son Credit une Monoye legere, ou de bas Aloy; la peur qu'on a de son Authorité, faisant qu'on ne craint point d'en doner à son cliant dans l'Eglise, & de l'Authoriser sans son juste droit.

De l'autre aussi, queques Exacts Politiques, & habiles Epies des Choses, ne laissent pas d'aprehander, que parfois une autre sorte d'Intrigue, & & Cabale plus fine ne fasse ou promovoir, ou admetre au Ministere des Gens, qui peuvent grossir un party, & le fortifier de leur nombre; de maniere que les Chefs en soient d'autant plus soutenus, qu'ils ont sous eus plus de membres, & mambres quequefois plus Roides; & plus violans, que ne sont pas d'autres; pource que n'estans que piés, os, & Nerfs Simples, c'est à dire peu Intelligens, & mal habiles, ils raisonnent moins que leurs Tetes, & suivent plus aveuglémant, leurs Passions.

C'est ainsi que les Serfs des uns devienent les Maitres des Autres, & que les brigues introduisent une Espece de bri-

brigandage, qui vole, & qui ruine les Troupeaus. Il ne faut pas s'étoner en suite, si de tels Ministeres, & Ministres ne reüssissent du tout point ; & s'il n'y a que plaintes, & que dégout dans les Eglises Surprises, (comant dirons nous ?) en ce Marché, où en ce jeu de Gobelets ?

Il n'en est pas ainsi *des Pasteurs bien Apellés*, que ni la Paranté n'a fourrés, ni les brigues n'ont Intrus, ni l'Avarice, & l'interet n'ont avancés. Ils sont antrés *par la Porte*, qui est le Seigneur JESUS, que *le Portier*, qui est le S. Esprit leur a *Ouverte*, & à laquele le Pere les a menés. Aussi void on croistre le Fruit de leurs travaus à veuë d'œil. Jamais Jacob ne reüssit mieus en la Multiplication, & au Gouvernemant de ses Troupeaus qu'eus. Le Plaisir acompaigne toute leur peine, & la leur alege extrememant. La Benediction est sur ces Pasteurs, come sur ce Patriarche. Le Ciel leur verse sa Rosée, & la Terre leur rand ses Fruits. *Dites au juste, que bien luy est, & luy sera; & qu'il jouyt, & jouyra à jamais de celuy de ses travaus.*

C'est par où (mes Freres) je finis celuy

Jean 10.

celuy que j'ay pris à vous faire cete Letre, & celuy, que vous avés pris à la Lire, sachant bien, que vous estes des Pasteurs, que Dieu benit, come vous estes de ceus, qu'il a aussi veritablement *Apellés*. Non seulemant vos Paroles, mais vos Oeuvres le témoignent, & je ne doute pas, que *son Esprit ne raude témoignage au vôtre, que come vous estes ses vrais Anfans*, vous estes aussi *ses vrais Serviteurs*; c'est à dire, *Bons Pasteurs, & bons Ministres*. Priant Dieu, qu'il done *à ses Filles, & à ses Servantes* les Eglises, Grand Nombre de samblables *Serviteurs, & Peres*, je suis, & je seray toujours en luy moyenant luy,

Tres Chers, &c.

De Middelbourg en Zelande ce 1. de Janvier 1667.

Vôtre très-humble, très-obéissant & très-affectioné Serviteurs, & Frere en Jesus Christ,

JEAN de LABADIE *Pasteur.*

TABLE des CHEFS

Contenus en cette

PREMIERE LETRE.

PREMIER CHEF. *Le Besoin d'une Reformation Generale.* pag. 3

SECOND CHEF. *Preuves plus particulieres d'une corruption Generale parmi les Chrétiens.* 34

TROISIEME CHEF. *La Necessité d'avoir, & de former le Dessein d'une Reformation Generale.* 78

QUATRIEME CHEF. *L'Obligation du Pastorat à travailler à une Reformation Generale, & le Desir qu'en ont les Troupeaus.* 99

CINQUIEME CHEF. *Examen des Causes de la Sterilité du Pastorat travaillant à la Reformation, & l'Avançant peu; & les sources du peu de fruit des Fonctions Pastorales en ce Tams.* 131

Examen *de la Premiere Raison tirée du Nombre soit des persones, soit des Actions.* 135

Examen *de la Seconde Raison tirée du Defaut des Qualités de science, d'habilité, de Capacité, & samblables.* 150

Exa-

INDEX.

Examen de la Quatrieme Raison tirée du Defaut de bone vie. pag. 180

Examen d'une Cinquiéme Cause, ou Raison tirée du Defaut de zele. 193

Examen d'une Sixiéme Cause, ou Raison tirée du Defaut d'Onction divine. 199

Examen d'une Setieme Cause, ou Raison, tirée du Defaut d'une vraye Vocation Pastorale, Divine, & Interieure. 210

SIXIEME CHEF. La necessité qu'il y a que les Pasteurs travaillans à la Reformation des Eglises, soint bien Apellés d'une vocation vraymant Divine. 215

FIN.

www.ingramcontent.com/pod-product-compliance
Lightning Source LLC
Chambersburg PA
CBHW050655170426
43200CB00008B/1305